Francis A. Schaeffer

Genesis in Raum und Zeit

Der Anfang der biblischen Geschichte
und seine Bedeutung für unser Welt-
und Menschenbild

W0171432

R. BROCKHAUS VERLAG WUPPERTAL
HAUS DER BIBEL, GENF, ZÜRICH, BASEL

ABCteam

Bücher, die dieses Zeichen tragen, wollen die Botschaft von
Jesus Christus in unserer Zeit glaubhaft bezeugen.

Das ABCteam-Programm umfaßt in seiner Hauptreihe:
A = aktuelle Themen
B = Berichte, Erzählungen, Lebensbilder
C = Christsein heute

Als Sonderreihe erscheinen Jugendbücher (J),
Werkbücher (W), Glauben und Denken (G + D).

Außerdem gibt es Geschenkbücher in besonderer Ausstattung.

ABCteam-Bücher erscheinen in folgenden Verlagen:
Aussaat Verlag Wuppertal / R. Brockhaus Verlag Wuppertal
Brunnen Verlag Gießen / Christliches Verlagshaus Stuttgart
Oncken Verlag Wuppertal / Schriftenmissions-Verlag Gladbeck

ABCteam-Bücher kann jede Buchhandlung besorgen.

Amerikanischer Originaltitel: »Genesis in Space and Time«
erschienen bei Inter Varsity Press, Downers Grove/Ill., USA
© 1972 by Francis A. Schaeffer
Deutsch von Gottfried Wüthrich

1976
Umschlaggestaltung: Ralf Rudolph, Ratingen
Druck: Herm. Weck Sohn, Solingen
ISBN 3-417-00607-4 (Wuppertal)
ISBN 2-8260-6715-X (Genf)

INHALT

Vorwort   5

1. Die Schöpfung   7

2. Differenzierung der Schöpfung und Erschaffung des Menschen   23

3. Gott und sein Universum 40

5. Der Sündenfall in Raum und Zeit — und seine Folgen . . . 64

6. Die beiden Menschheiten 79

7. Noah und die Sintflut 92

8. Noah — Babel — Abraham 109

Anmerkungen 125

VORWORT

Das Ringen um ein christliches Weltverständnis findet an mehreren Fronten statt. Ein wichtiges Gebiet dieser Auseinandersetzung ist die Bibelkunde und besonders die Frage, wie die ersten Kapitel der Bibel zu verstehen sind. Die Autoren moderner Genesiskommentare neigen dazu, in den ersten elf Kapiteln etwas anderes als eine Darstellung von Geschichte zu sehen. Für einige ist dieser Stoff lediglich ein jüdischer Mythos, der für den modernen Menschen keinen höheren historischen Stellenwert hat als etwa das *Gilgamesch-Epos* oder die *Zeus-Sagen*. Für andere handelt es sich um eine vor-wissenschaftliche Vision, die keiner ernst nehmen kann, der etwas von wissenschaftlichen Erkenntnissen hält. Viele messen den Kapiteln lediglich eine symbolische Bedeutung bei. Manche wiederum akzeptieren die ersten Genesiskapitel als Offenbarung im Sinn einer »höheren« religiösen Wahrheit, lassen aber jeden Anspruch auf Wahrheit im Blick auf die Geschichte (Historizität) und den Kosmos (die Naturwissenschaft) fallen.

Wie sind diese ersten Kapitel der Genesis zu verstehen? Sind sie ein Geschichtsbericht und wenn ja, welcher Wert ist ihrer Historizität beizumessen? Angesichts dieser Fragen möchte ich die überragende Bedeutung der Kapitel 1-11 der Genesis für den modernen Menschen unterstreichen. In mehrfacher Hinsicht sind diese Kapitel die wichtigsten der Bibel, weil sie die Stellung des Menschen im Kosmos umschreiben und seine Einzigartigkeit aufzeigen. Sie erklären, warum der Mensch wunderbar und mangelhaft zugleich ist. Ohne das rechte Verständnis dieser Kapitel fehlt uns jede Antwort auf unsere metaphysischen, moralischen oder erkenntnistheoretischen Fragen, und darüber hinaus wird das Werk Christi zu einer »religiösen« Lösung in einem oberen, irrationalen Bereich.

Die Bibelzitate sind der Schlachter Übersetzung entnommen, Zitate aus anderen Übersetzungen sind vermerkt.

Ich möchte Herrn Professor Elmer Smick, einem langjährigen Freund, meinen besonderen Dank für die Durchsicht des Manuskriptes und seine nützlichen Ratschläge aussprechen. Für Fehler bin ich allerdings selbst verantwortlich.

1. Die Schöpfung

Das Thema dieses Buches ist der biblische Geschichtsablauf. Dabei konzentrieren wir uns auf den ersten Teil der Genesis (1 Mose 1-11), in welchem die Abfolge der Ereignisse von der Erschaffung des Universums bis zur Berufung Abrahams und dem Anfang der Geschichte Israels aufgezeichnet sind.

Eine der Hymnen Israels, der 136. Psalm, bietet einen hervorragenden Hintergrund, auf dem wir die Entfaltung der biblischen Geschichte erkennen können. Hier wird der Schöpfergott im rechten Verhältnis zum Menschen als Geschöpf und Anbeter dargestellt:

Danket dem HERRN; denn er ist gütig;
denn seine Gnade währet ewiglich!
Danket dem Gott der Götter;
denn seine Gnade währt ewiglich!
Danket dem Herrn der Herrn;
denn seine Gnade währt ewiglich!
Ihm, der allein große Wunder tut;
denn seine Gnade währt ewiglich! (V. 1-4)

Der Psalm beginnt mit einem dreifachen Lobgesang und führt dann eine Reihe von Gründen an, weshalb wir Gott loben können und ihm für seine Güte zu danken haben. Es ist bemerkenswert, wie der Psalmist nach einem Hinweis auf einen allgemeinen Anlaß zum Loben (»Ihm, der allein große Wunder tut«) uns auf Gottes Schöpfungsakte aufmerksam macht:

Der den Himmel mit Verstand erschuf;
denn seine Gnade währt ewiglich!
der die Erde über den Wassern ausbreitete;
denn seine Gnade währt ewiglich!
der große Lichter machte;
denn seine Gnade währt ewiglich!
die Sonne zur Beherrschung des Tages;
denn seine Gnade währt ewiglich!
den Mond und die Sterne zur Beherrschung der Nacht;
denn seine Gnade währt ewiglich! (V. 5-9)

Unmittelbar nach dieser Darstellung Gottes als Schöpfer führt der Psalmist jedoch sogleich einen zweiten Grund an, weshalb Gott zu loben ist — sein Eingreifen in die Geschichte während der Gefangenschaft Israels in Ägypten:

Der die Ägypter an ihren Erstgeburten schlug;
denn seine Gnade währt ewiglich!
und Israel aus ihrer Mitte führte;
denn seine Gnade währt ewiglich! (V. 10-11)

Weiter spricht der Psalmist vom Auszug, von der Teilung des Roten Meeres, von der Überwältigung Pharaos und der Landnahme in Kanaan. Danach lobt er Gott für sein Tun in dem spezifischen Abschnitt der Raum-Zeit-Geschichte, in dem dieser Psalm geschrieben wurde:

Als Erbe seinem Knechte Israel;
denn seine Gnade währt ewiglich!
der in unserer Niedrigkeit unser gedachte;
denn seine Gnade währt ewiglich!
und uns unsern Feinden entriß;
denn seine Gnade währt ewiglich!
der allem Fleisch Speise gibt;
denn seine Gnade währt ewiglich! (V. 22-25)

Im letzten Vers schreibt der Psalmist schließlich so, daß seine Worte auch für uns an unserem Punkt der Geschichte gültig sind und uns auffordern, Gott zu erkennen und zu loben:

Danket dem Gott des Himmels;
denn seine Gnade währt ewiglich! (V. 26)

Psalm 136 zeigt uns auf diese Weise das biblische Konzept der Schöpfung als einer Tatsache der Geschichte in Raum und Zeit, denn wir finden hier eine völlige Parallelität zwischen der Schöpfung und anderen Abschnitten der Geschichte: den geschichtlichen Ereignissen in Raum und Zeit während der Gefangenschaft der Juden in Ägypten, in der Zeit, als der Psalm geschrieben wurde, und in unserer eigenen Zeit, wenn wir den Psalm heute lesen. Nach Auffassung der ganzen

Schrift, nicht nur dieses einen Psalmes, ist die Schöpfung ebenso reale Geschichte wie die Geschichte des Judenvolkes und unser eigener Zeitabschnitt. Altes und Neues Testament stützen sich immer wieder ausdrücklich auf die ersten Kapitel der Genesis und betonen, daß diese geschichtliche Ereignisse berichten. Können wir daraus einen hermeneutischen Grundsatz ableiten? Gewiß, denn die Bibel selbst vermittelt ihn uns: Die ersten Kapitel der Genesis sind als Geschichte zu verstehen — ebenso wie z. B. die Berichte von Abraham, David, Salomo oder Jesus Christus.

Im Anfang

Die ersten Worte der Genesis, »Im Anfang schuf Gott den Himmel und die Erde«, und der Rest des 1. Kapitels stellen uns unmittelbar in eine Welt von Raum und Zeit hinein. Raum und Zeit sind miteinander verwoben und bilden so die Geschichte. Der Anfangssatz der Genesis und die Struktur des folgenden Berichtes zeigen ganz klar, daß wir es hier ebenso sehr mit Geschichte zu tun haben, als sprächen wir von uns selbst — von unserem genau bestimmbaren Zeitpunkt und unserem konkreten geographischen Ort.

Wenn wir dies sagen, knüpfen wir natürlich an den jüdischen Wahrheitsbegriff an. Heute meinen viele, das jüdische Konzept gleiche der modernen Auffassung, wonach Wahrheit irrational ist. Das trifft jedoch nicht zu. Der Unterschied tritt klar zutage, wenn wir etwa das griechische Wahrheitskonzept mit dem jüdischen vergleichen. Manche der griechischen Philosophen betrachteten die Wahrheit als Ausdruck eines wohlausgewogenen metaphysischen Systems, einem Mobile ähnlich. Solange das System im Gleichgewicht blieb, konnte es für sich allein bestehen und als Wahrheit angenommen werden. Das jüdische Konzept ist völlig anders. Zunächst einmal steht es der modernen Wahrheitsauffassung völlig entgegen, weil im jüdischen Denken über Wahrheit diskutiert werden konnte; sie war vernünftig zu ergründen und nicht nur mit einem Sprung im Sinne des Existentialismus zu erlangen. Hierin entspricht das jüdische Konzept dem griechischen. Und doch unterscheidet es sich von diesem, ist tiefgründiger, weil es im Geschichtlichen verwurzelt ist. So betont z. B. Mose immer wieder: »Ihr habt gehört! Ihr habt gesehen!« In 5 Mose 4 und 5 erinnert Mose kurz vor seinem Tode die vor ihm stehenden Juden daran, was sie selbst in ihrer Jugend am Sinai, also in der Raum-Zeit-Geschichte, gesehen und gehört haben. Ihre Eltern waren in der Wüste gestorben, sie aber, die Kinder, hatten das historische Geschehen erlebt. Genauso redete Josua einige Zeit später in Josua 23,3 ff. Diese und andere Stellen im Alten Testament entsprechen dem Grund, den Johannes für die Abfassung seines Evangeliums nennt:»Noch viele andere Beweise in Raum und Zeit (das ist der genaue Sinn von ›Zeichen‹) gab Jesus seinen Jüngern, die nicht in diesem Buch geschrieben sind. Diese aber sind geschrieben, damit ihr glaubet, daß Jesus der Christus, der Sohn Gottes ist, und daß ihr durch den Glauben Leben habet in seinem Namen« (Joh 20,30-31).

Wenn wir uns mit den jüdischen Schriften in der Bibel und dem 1. Mosebuch im besonderen befassen, dürfen wir sie nicht ausschließlich in griechischen Denkformen verstehen und gewiß noch viel weniger im Sinne eines existentialen Sprunges. Anstelle dieser Formen finden wir hier eine Betonung der Geschichte, einer Wahrheit, die in Raum und Zeit verwurzelt ist.

Vor dem Anfang

Obwohl die Genesis mit den Worten »Im Anfang« beginnt, bedeutet das nicht, daß vorher nichts existiert hätte. In Joh 17,24 betet Jesus zu Gott dem Vater und spricht:»denn du hast mich geliebt vor Grundlegung der Welt«. Jesus erklärt, daß Gott der Vater ihn schon vor Erschaffung alles anderen liebte. In Joh 17,5 bittet Jesus den Vater, ihn, Jesus selbst, zu verherrlichen, »mit der Herrlichkeit, die ich bei dir hatte, ehe die Welt war«.

Es gibt also etwas, das bis in die Ewigkeit zurückreicht — zurück bis jenseits des Ausdrucks »Im Anfang«. Christus existierte, er teilte die Herrlichkeit mit dem Vater, wurde vom Vater schon vor diesem »Im Anfang« geliebt. In Eph 1,4 lesen wir: »wie er (Gott) uns in ihm (Christus) auserwählt hat vor der Grundlegung der Welt ...« Somit bestand vor dem »Im Anfang« etwas anderes als eine statische Situation. Es wurde eine Wahl getroffen, und diese Wahl weist auf Denken und Wollen hin.Wir wurden in Christus vor Grundlegung der Welt auserwählt. Dasselbe wird in 1 Petr 1,20 betont, wo vom Opfertod Christi gesagt wird:»der zuvor ersehen war vor Grundlegung der Welt«. Ebenso zeigt Titus 1,2, daß Gott ewiges Leben »vor ewigen Zeiten« verheißen hat.

Das ist erstaunlich — wie kann vor dem Anfang der Welt eine Verheißung gegeben worden sein? An wen konnte sie gerichtet sein? Die Schrift redet von einer Verheißung des Vaters an den Sohn oder an den Heiligen Geist, weil ja an diesem Punkt der Sequenz kein anderer da war, an den die Verheißung hätte ergehen können.

Dasselbe wird in 2 Tim 1,9 hervorgehoben, wo von Gott die Rede ist, »der uns gerettet und mit einem heiligen Ruf berufen hat, nicht nach unsren Werken, sondern nach seinem eigenen Vorsatz und der Gnade, die uns in Christus Jesus vor ewigen Zeiten gegeben«.

Damit stehen wir vor einer hochinteressanten Frage: Wann hat die Geschichte begonnen? Wenn man das moderne Konzept des Raum-Zeit-Kontinuums übernimmt, dann hat es zweifellos vor dem »Im Anfang« weder Zeit noch Geschichte gegeben. Wenn wir uns aber die Geschichte im Kontrast zu einem ewigen philosophischen Anderen, oder im Kontrast zu einem statischen Zustand vorstellen, dann hat die Geschichte vor 1 Mo 1,1 begonnen.

Hier müssen wir natürlich unsere Worte sorgfältig wählen. Wie können wir von der Situation sprechen, die vor dem »Im Anfang« bestand? Um Verwirrung zu vermeiden, habe ich das Wort *Sequenz* gewählt, als Kontrast zum Wort *Zeit*, wie es im Konzept des Raum-Zeit-Kontinuums gebraucht wird. Diese Unterscheidung soll daran erinnern, daß vor dem »Im Anfang« etwas da war, und zwar mehr als ein ewiger statischer Zustand.

Nach der Schöpfung wirkte Gott in die Zeit hinein und übermittelte dem in der Zeit lebenden Menschen Erkenntnis. Und weil er dies tat, wissen wir, daß es für Gott ein »vor der Schöpfung« und ein »nach der Schöpfung« gibt. Die Schrift stellt diese Wirklichkeit vor dem »Im Anfang« als etwas dar, über das Aussagen gemacht werden können. Obwohl wir die Dimensionen des Gesagten nicht annähernd ausloten können, haben wir doch verläßliches Wissen davon. Es ist ein vernünftiges und durchaus diskutierbares Konzept.

Diese Überlegungen sind nicht nur theoretische Gedankenflüge. Es geht um die Wirklichkeit des persönlichen Gottes von Ewigkeit zu Ewigkeit, im Gegensatz zu dem philosophischen Anderen oder dem unpersönlichen Alles, den Gottesvorstellungen vieler moderner Theologen im zwanzigsten Jahrhundert. Es geht um die Wirklichkeit des persönlichen Gottes im Gegensatz zu einem theoretischen unbewegten Beweger oder der rein subjektiven Gedankenprojektion des Menschen. Hier finden wir mehr als eine inhaltlose, religiöse Wahrheit, zu der wir mittels eines existentialen Sprunges gelangen. Wenn wir lesen:

»Im Anfang schuf Gott den Himmel und die Erde«, stehen diese Worte folglich nicht im leeren Raum: Etwas war vor der Schöpfung da, und dieses Etwas war personal und nicht statisch; der Vater liebte den Sohn; da war ein Plan; es gab Kommunikation; und vor der Erschaffung von Himmel und Erde wurden Verheißungen gegeben. Diese ganze Konzeption wurzelt in der Wirklichkeit der Dreieinigkeit. Ohne die Dreieinigkeit hätte das Christentum keine der Antworten, die der moderne Mensch braucht. Wie ich anderswo schon sagte, hat Jean Paul Sartre das grundlegende philosophische Problem, vor dem wir stehen, treffend formuliert: Die Tatsache, daß etwas — anstatt nichts — da ist. Dies ist das unbestreitbare und unreduzierbare Minimum, von dem der Mensch ausgehen muß. Ich kann nicht sagen, es sei nichts da; es ist offensichtlich, daß etwas da ist. Ebenso klar ist, daß dieses Etwas zumindest aus zwei Teilen besteht: Ich bin da und etwas anderes, das sich von mir unterscheidet.

Dies alles führt uns selbstverständlich zum modernen Begriff des Seins. Das Sein ist da. Aber damit stellt sich sogleich die Frage: »Ist es immer dagewesen?«[1] Das ist das grundlegende ungelöste Problem des modernen Menschen.

Es gibt darauf nur relativ wenige mögliche Antworten. Meiner Meinung nach übersehen wir allzu oft, daß die Alternativen sich vereinfachen, je mehr wir in dieser Frage in die Tiefe dringen. In nahezu allen tiefen Fragen bleiben am Ende nur wenige Lösungsmöglichkeiten. In unserem Fall bleiben vier: 1. Einmal war absolut nichts da, und jetzt ist etwas da; 2. alles begann mit einem unpersönlichen Etwas; 3. alles begann mit einem persönlichen Etwas; 4. es hat immer ein Dualismus bestanden.

Die erste dieser Antworten, wonach einst absolut nichts war und jetzt etwas da ist, ist meines Wissens nie von jemandem ernstlich vertreten worden, und zwar aus einem wohlverständlichen Grund. Sollte diese Erklärung wahr sein, müßte mit *nichts* auch wirklich *nichts* gemeint sein — absolut nichts: weder Masse noch Bewegung noch Energie noch Persönlichkeit. Denken wir uns z. B. einen Kreis, der alles enthält, was da ist, nämlich nichts. Wischen wir dann auch noch den Kreis aus, sind wir beim Konzept des absoluten Nichts. Wie schon gesagt, ich kenne keinen Menschen, der die Vorstellung vertritt, alles, was heute ist, sei aus solch einem absoluten Nichts hervorgegangen.

Die vierte Antwort, die eines ewigen Dualismus, kann ziemlich kurz behandelt werden, weil sie nie einer gründlichen Analyse standgehalten hat. Der Mensch fragt natürlicherweise hinter den Dualismus zurück und sucht hinter seinen Polen die Einheit, welche die Dualität umschließt. Das trifft zu, ob es sich um den Dualismus von Elektromagnetismus und Schwerkraft handelt oder um ein schattenhaftes Tao hinter Yin und Yang. Parallele Dualismen (z. B. Ideen oder Ideale und Materie, oder Gehirn und Verstand) neigen entweder dazu, die eine Seite zu Lasten der anderen zu betonen, oder sie lassen die Frage offen, weshalb Sie ohne zwingenden Grund nebeneinander laufen.

Ausführlicher müssen wir uns mit der Antwort des unpersönlichen Ursprungs auseinandersetzen, also der Vorstellung, daß alles mit einem unpersönlichen Etwas begann. Diese Auffassung wird nämlich in der westlichen Welt im zwanzigsten Jahrhundert und im gesamten Denken des Ostens fast einstimmig vertreten. Wenn wir nur weit genug zurückgehen, gelangen wir schließlich zu einem unpersönlichen Ursprung. Das ist die Ansicht der naturalistischen Wissenschaft, oder, wie ich sie anderswo genannt habe, der »modernen« modernen Naturwissenschaft, und sie verkörpert sich in der Vorstellung der Naturkausalität im geschlossenen System. Ebenso ist dies die Auffassung eines großen Teils der modernen Theologie, wenn man ihr ernstlich auf den Grund geht.

Ein unpersönlicher Anfang wirft jedoch zwei unüberwindliche Probleme auf, deren Lösung weder der Osten noch der moderne Mensch irgendwie nahgekommen wäre. Erstens gibt er keine wirkliche Erklärung für die Tatsache, daß die äußere Welt nicht nur existiert, sondern auch eine spezifische Form hat. Trotz des häufigen Versuches, das Konzept des Personalen auf den Bereich einer chemischen oder psychologischen Konditionierung zu reduzieren, läßt die wissenschaftliche Forschung immer wieder erkennen, daß das Universum eine bestimmte Form hat. Wir können von Einzelheiten zu umfassenden Einheiten gelangen, von »einfachen« Gesetzen zu immer allgemeineren Gesetzmäßigkeiten und »Superformeln«. Mit anderen Worten: Das Wesen der Außenwelt, des Universums, gleicht ganz offensichtlich nicht einfach einer Handvoll zufällig verstreuter Kieselsteine. Was da ist, hat Form. Wenn wir die Existenz des Unpersönlichen als Ursprung des Universums annehmen, haben wir einfach keine Erklärung für die Situation, wie sie ist.

Zweitens, und das ist viel schwerwiegender, haben wir beim Ausgehen von einem unpersönlichen Universum keine Erklärung für die Personalität. Die brennendste Frage aller Generationen, besonders

13

aber des modernen Menschen, lautet: »Wer bin ich?« Wenn ich nämlich das »Ich« anschaue, das ich bin, und mich dann den Wesen um mich her zuwende, die ebenfalls Menschen sind, dann ist eines sofort offensichtlich: Der Mensch besitzt ein spezifisches Menschsein. Und dieses Menschsein drückt sich überall aus, wo Menschen sind — nicht nur in den heute lebenden Menschen, sondern auch in allen Erzeugnissen von Kunst und Handwerk in der Geschichte. Gehen wir von einem unpersönlichen Ursprung aus, können wir niemals in angemessener Weise die personalen Wesen erklären, die wir um uns herum sehen. Mehr noch: Wenn man versucht, den Menschen von einem unpersönlichen Ursprung her zu erklären, dann verschwindet der Mensch überhaupt[2].

Kurz gefaßt können wir feststellen, daß ein unpersönlicher Anfang weder die Form des Universums noch die Personalität des Menschen angemessen erklärt. Folglich kann er auch keine Grundlage für das Verständnis zwischenmenschlicher Beziehungen, den Aufbau von gerechten Gesellschaften oder irgendwelche kulturellen Anstrengungen vermitteln. Und diese Fragen sind nicht nur von akademischem Interesse. Auch der schlichteste Mensch, jeder, der lebt und denkt, muß sich damit auseinandersetzen. Wenn ich mich umschaue und sehe, daß etwas da ist, so muß ich wissen, was ich damit zu tun habe. Die unpersönliche Lösung bietet auf keiner Ebene und an keinem Punkt der Geschichte eine Erklärung für diese beiden grundlegenden Faktoren — das Universum und seine Form und das Menschsein des Menschen. Dabei spielt es keine Rolle, ob diese Ansicht nun in religiösen Begriffen des Pantheismus oder in Begriffen der modernen Wissenschaft formuliert ist.

Die jüdisch-christliche Überlieferung geht von der entgegengesetzten Antwort aus, und die gesamte westliche Kultur ist auf diesem Boden erbaut worden. Das Universum hat einen persönlichen Anfang — einen persönlichen Ursprung auf dem hohen Rang der Dreieinigkeit. Das heißt, daß vor dem »Im Anfang« das Personale schon da war. Liebe und Denken und Kommunikation existierten vor der Erschaffung von Himmel und Erde.

Der moderne Mensch wird zutiefst von der Frage gequält: »Woher kommen Liebe und Kommunikation?« Viele Künstler, die ihr Innerstes auf ihren Bildern ausdrücken und eine trübe Botschaft auf die Leinwand malen, viele Sänger, viele Dichter und Dramaturgen stellen die trostlose Tatsache dar, daß sie nicht wissen, woher Liebe und

Kommunikation kommen und was sie eigentlich bedeuten, obwohl doch alles von ihnen abhängt.

Die biblische Antwort ist völlig anders: Etwas war schon vor der Schöpfung da. Gott war da; Liebe und Kommunikation waren da; und daher gehören schon vor 1 Mo 1,1 Liebe und Kommunikation wesensmäßig zu dem, was schon immer da war.

Die Dreieinigkeit

Wenn wir in einer etwas anderen Richtung weiterfragen, können wir noch mehr von den Eigenschaften des vor der Schöpfung existierenden Gottes sehen. In 1 Mo 1,26 lesen wir: »Und Gott sprach: Wir wollen Menschen machen nach unserem Bild . . .« Wie wir im Neuen Testament gesehen haben, hat Gott, der Vater, den Sohn nicht nur geliebt, sondern ihm auch eine Verheißung gegeben. So sollten wir nicht überrascht sein, wenn wir hier lesen: *Wir wollen;* oder den Satz in 1 Mo 3,22: »Der Mensch ist geworden wie *unsereiner*.« Derselbe Ausdruck findet sich in Jesaja 6,8: »Und ich hörte die Stimme des Herrn fragen: Wen soll ich senden, und wer wird *für uns* gehen?«[3]

Die Lehre, wonach die Dreieinigkeit schon im Anfang da war, wird in Johannes 1,1-3 besonders hervorgehoben. Das Konzept wird hier besonders deutlich formuliert, weil der erste Satz der Genesis aufgegriffen und, wie ich meine, als *terminus technicus* behandelt wird: »Im Anfang war bereits das Wort (die griechische Zeitform ist mit *war bereits* treffender übersetzt als mit *war*), und das Wort war bereits mit Gott und das Wort war bereits Gott. Dieses war im Anfang bei Gott.« Später, im dritten Vers, wird im Gegensatz zum zuvor verwendeten Imperfekt die griechische Zeitform des Aorist[4] gebraucht: »Alles ist durch dasselbe entstanden (geworden) . . .« Somit haben wir zuerst die Aussage, daß das Wort bereits war, und bekommen anschließend, in scharfem Gegensatz dazu, gesagt, daß dann »Im Anfang« etwas Neues hervorgebracht wurde, als derjenige, der immer schon da war, das schuf, was jetzt ist.

Darüber hinaus wissen wir auch, wer das personale Wesen ist, das hier »das Wort« (Logos) genannt wird; die Verse 14-15 sagen nämlich: »Und das Wort wird Fleisch und wohnte unter uns . . . Johannes (der Täufer) zeugte von ihm . . .« Natürlich ist Jesus Christus derjenige, den Johannes bezeugt.

Auch hier ist im Griechischen der Kontrast zwischen dem Imperfekt und dem Aorist aufschlußreich. Er, der bereits im Anfang das Wort war (Imperfekt) und der an der Erschaffung aller Dinge teilnahm, ward (Aorist) Fleisch. Ich glaube, daß Johannes, der Schreiber des Evangeliums, bewußt so sorgfältig unterscheidet. Dieses Wort (Logos) war »im Anfang« bereits da, aber in der Folge und im Unterschied dazu gab es zwei völlig neue Anfänge: Der erste bestand darin, daß alle Dinge erschaffen wurden, und der zweite darin, daß das Wort Fleisch wurde. Demgemäß bilden der absolute Anfang der Schöpfung und der absolute Anfang der Inkarnation einen Kontrast zum ewigen Sein des Logos. In Joh 1,1 wird dies mit dem Ausdruck »im Anfang« verknüpft. Ich denke daher, daß der Ausdruck »im Anfang« ein technischer Terminus ist und »im Anfang von allem, was erschaffen wurde« bedeutet, im Gegensatz zur Präexistenz des nichtstatischen, persönlich-unendlichen, dreieinigen Gottes, der die Schöpfung aus dem Nichts vollbrachte.

Der Ausdruck »im Anfang« wird in Hebräer 1,10 wiederholt, und er betont, wie in Joh 1,1-3, die Tatsache, daß Christus schon vor der Schöpfung da war und aktiv an der Schöpfung teilnahm. Derselbe Gedanke ist in Kol 1,16-17 wiedergegeben, wenn auch nicht in denselben Worten, denn wir lesen an dieser Stelle: »In ihm ist alles erschaffen worden.« Weiter bietet 1 Kor 8,6 eine interessante Parallele: »So haben wir doch nur einen Gott, den Vater, von welchem alle Dinge sind und wir für ihn; und einen Herrn, Jesus Christus, durch welchen alle Dinge sind, und wir durch ihn.« Paulus setzt hier die Schöpfertat des Vaters mit der Schöpfertat des Sohnes gleich.

Wir haben somit eine beachtliche Zahl von Hinweisen auf die spezifische Bedeutung der Trinität zur Schöpfungstat. Dabei muß man natürlich einräumen, daß der Anteil des Heiligen Geistes weniger offensichtlich ist als der des Vaters oder des Sohnes, doch scheint mir, daß 1 Mo 1,2 seine Anwesenheit bekundet: »Und die Erde war wüst und leer, und es lag Finsternis auf der Tiefe, und der Geist Gottes schwebte über den Wassern.« Ich bin mir bewußt, daß man fragen kann, wie die Worte »Geist Gottes« hier zu verstehen sind; ganz gewiß aber sagt die Bibel im Alten und im Neuen Testament deutlich, daß die Dreieinigkeit da war und daß der Vater und der Sohn am Vorgang der Schöpfung beteiligt waren.

Ich möchte daher wiederholen, daß 1 Mo 1,1 nicht einen absoluten Anfang bedeutet, vor dem es nichts gegeben hätte. Gott war da — und dann erfolgte die Schöpfung.

Die historische christliche Auffassung von 1 Mo 1,1 ist die einzige, die der gesamten Aussage der Schrift entspricht und die faktisch erhärtet werden kann. »Im Anfang« ist ein technischer Begriff, der feststellt, daß an diesem bestimmten Punkt der *Sequenz* eine Schöpfung *ex nihilo* — aus dem Nichts — stattfindet. Alles, was ist (mit Ausnahme Gottes, der schon immer war), kommt jetzt zur Existenz. Zuvor gab es personale Existenz — Liebe und Kommunikation. Vor dem materiellen Universum (ob es nun Masse oder Energie sei), vor der Erschaffung alles anderen, ist Liebe und Kommunikation da. Das bedeutet, Liebe und Kommunikation sind wesensmäßig Teil des Seins. Und deshalb können die Christen dem modernen Menschen, wenn er (wie das so oft geschieht) nach Liebe und Kommunikation schreit, eine Antwort geben: Liebe hat Geltung und Kommunikation hat Geltung, weil beide in dem verwurzelt sind, das immer schon wesensmäßig da war.

Die Wurzel des biblischen Lobgesanges

Im Buch Jeremia (10,16) steht ein Satz, den jeder Christ in sein Herz eingravieren sollte: »Aber nicht wie diese (die Götzen als menschliches Machwerk) ist Jakobs Teil, sondern der Schöpfer des Alls ist es.« Das ist die Wurzel des biblischen Lobgesanges — wir loben *ihn*, nicht *es!* Gott ist weder jenen Götzenbildern aus Holz und Stein ähnlich, noch gleicht er jenen Göttern, die lediglich menschlichen Vorstellungen entspringen. Er ist der persönliche Gott, der als Schöpfer aller Dinge da war. Er ist unser Teil, und er existierte vor allem anderen.

Welch eine scharfe Abgrenzung zur neuen Theologie! Das Problem der neuen Theologie ist die Frage, ob es Gott überhaupt gibt. Die Theologen der neuen Schule verwenden wohl das Wort *Gott,* wissen aber nie, ob jemand dahinter steht, und können daher auch nicht beten. So sagte Paul Tillich einmal in Santa Barbara: »Nein, ich bete nicht, aber ich meditiere.« Der Christ aber sagt nicht nur, daß Gott wirklich da ist, sondern daß er da war und immer da gewesen ist, mehr noch, daß er jetzt »mein Teil« ist.

Offenbarung 4,11 enthält einen großen Lobgesang an diesen Einen. Er beginnt mit der Aussage: »Würdig bist du, unser Herr und Gott.« Das erinnert uns an den Satz von Jeremia: »Er ist unser Teil.« Er ist *unser* Herr und *unser* Gott. Der Vers geht dann weiter: »Würdig bist du, unser Herr und Gott, zu empfangen den Ruhm und die Ehre und die Macht; denn du hast alle Dinge geschaffen, und durch deinen Willen sind sie und wurden sie geschaffen.« Die »Gute Nachricht« übersetzt hier treffend und in modernen Worten: »Weil du es gewollt hast, wurden sie geschaffen und sind da.« Das ist die christliche Lehre von der Weltentstehung.

Hier ist die Antwort für den modernen Menschen, der sich mit der Frage des Seins abquält, weil er weiß, daß etwas da ist, und es doch nicht begreifen kann: Alles Sein, mit Ausnahme von Gott selbst, beruht auf der Tatsache, daß Gott es durch seinen Willen erschaffen hat. Von hier aus verstehe ich, warum das Sein da ist und warum es eine Form hat; und ich verstehe den besonderen Teil des Seins, der ich selbst bin, und das Menschsein (die Personalität), die ich in mir feststelle. Alles paßt zusammen, nicht durch einen Sprung ins Dunkel, sondern aufgrund eines vernünftigen und diskutierbaren Konzeptes. Ein für allemal hat Gott das Sein der Außenwelt und das Sein des Menschen erschaffen. Sie sind nicht Gott, sind auch nicht eine Ausdehnung Gottes, aber sie existieren aufgrund eines Willenaktes dessen, der personal ist und schon vor ihrem Sein existierte.

Wie scharf hebt sich all das aber von der ganzen heutigen Lage im theologischen und säkularen Bereich einer Welt ab, die mit schwerer Schlagseite abgetrieben wird und davon spricht, daß alles letztlich wesensmäßig unpersönlich ist! Wie klar unterscheidet sich all das auch von einem wesensmäßigen Dualismus! Wirklich, dies ist die biblische Antwort auf das Dilemma des zwanzigsten Jahrhunderts!

Bei Diskussionen wird nun oft die Frage gestellt: »Mußte denn Gott, wenn er persönlich ist und liebt, nicht ein Objekt für seine Liebe haben? War er nicht geradezu *gezwungen,* etwas zu erschaffen? Ist folglich Gott nicht ebenso auf das Universum angewiesen, wie dieses auf ihn angewiesen ist?« Die Antwort hierauf ist: Nein. Er hatte es nicht nötig, ein Gegenüber zu erschaffen, das er lieben könnte, weil die Dreieinigkeit schon da war. Gott konnte aus freiem Willen erschaffen, weil vor der Schöpfung der Vater existierte, der den Sohn liebte, und weil auch der Heilige Geist da war, der lieben und geliebt werden konnte. In anderen Worten, Gott hatte in den drei Personen der Trinität immer schon ein Gegenüber. Unsere Vorväter handelten durchaus richtig, als sie das Nizänische und das Chalcedonische Bekenntnis formulierten und darin die Dreieinigkeit in der ganzen Tragweite zu erfassen versuchten. Das war nicht nur ein gerade aktuelles Konzept der griechischen Philosophie. Als im griechischen Denken solche Fragen gestellt wurden, sahen die Christen, daß sie in dem, was die Bibel lehrte, die Antwort hatten. Alles dreht sich um diesen Punkt — und zu keiner Zeit mehr als heute.

Wir wissen also, warum das Sein im modernen Sinn da ist und nicht das Nichts herrscht. Kein Wunder, daß wir in der Offenbarung lesen: »Würdig bist du, unser Herr und Gott, zu empfangen den Ruhm und die Ehre und die Macht.« Diese christliche Doxologie wurzelt nicht in einer irrationalen, inhaltlosen, weder in Gedanken noch in Worten faßbaren religiösen Erfahrung, auch nicht in den uns umgebenden Denkformen, sondern in einer wirklichen Schöpfung. Sie ist verwurzelt in einer sinnvollen Existenz, wo A nicht nicht-A ist. Es ist falsch, Gott im Sinne einer irrationalen inhaltlosen religiösen Erfahrung zu loben. Das ist nichts als eine neue Art, seinen Namen zu mißbrauchen.

Es ist auch zu beachten, daß unser Gotteslob nicht erst durch das Heilsgeschehen ausgelöst wird. Wenn wir uns an die Schrift halten, dann loben wir Gott nicht in erster Linie, weil er uns errettet hat, sondern vor allem, weil er da ist und immer schon da war. Und wir loben ihn, weil er durch seinen Willen alle Dinge, einschließlich des Menschen, ins Sein gerufen hat.

Wenn wir in 1 Mo 1,1 die Worte lesen: »Im Anfang schuf Gott den Himmel und die Erde«, dann ist das eine gewaltige Aussage für die moderne Welt! Damit steht und fällt jede klare christliche Antwort, die für die Menschen des zwanzigsten Jahrhunderts tragfähig sein soll.

Schöpfung durch Gottes »Es werde«

Wie hat Gott geschaffen? Dazu lesen wir in Hebräer 11,3: »Durch Glauben erkennen wir, daß die Weltzeiten (oder die Welten) durch Gottes Wort bereitet worden sind.«[5] Hier interessiert uns vor allem der Satzteil *durch Gottes Wort.*

Als erstes stellen wir hier eine Parallele und zugleich einen Unterschied zur Schöpfung eines Künstlers fest. Als junger Christ lehnte ich es ab, das Werk eines Künstlers als »Schöpfung« zu bezeichnen. Ich behielt mir dieses Wort allein für Gottes ursprüngliches Schöpfungswerk vor. Inzwischen habe ich aber eingesehen, daß dies ein Fehler war, denn obwohl ein Unterschied tatsächlich besteht, gibt es doch auch eine wichtige Parallele. Der Künstler konzipiert sein Werk zunächst in seiner Gedankenwelt und schafft es dann in der Außenwelt.

Dies gilt für den Maler mit seiner Leinwand, den Musiker bei seiner Komposition, den Ingenieur, der eine Brücke baut, oder den Blumenbinder, der ein Arrangement zusammenstellt. Immer geht eine Konzeption in der Gedankenwelt der Verwirklichung in der äußeren Welt voraus. Und genauso ist es bei Gott. Gott, der zuvor existierte, hatte einen Plan, und dann schuf er sein Werk und brachte die objektiven Dinge hervor. Dazu kommt eine weitere Parallele: Wie ein Kunstwerk zutreffende Schlüsse auf die Person des Künstlers zuläßt, so gibt uns die Schöpfung Aufschluß über Gott, den Schöpfer. Die Schrift sagt ganz deutlich, daß wir auch nach dem Sündenfall immer noch auf diesem Wege etwas von Gott erkennen können.

Anderseits besteht zwischen dem Künstler und Gott ein himmelweiter Unterschied, weil wir als endliche, begrenzte Wesen in der Außenwelt nur aus bereits vorhandenem Material schaffen können. So arbeitet der Künstler mit Pinsel und Farben. Der Ingenieur baut seine Brücke aus Stahl und Beton. Der Gartengestalter verwendet Blumen, Moos, Felsbrocken und Kieselsteine, die alle schon vorhanden sind. Bei Gott ist das völlig anders. Weil er unendlich ist, schuf er ursprünglich aus dem Nichts — *ex nihilo*. Vor seiner Schöpfung gab es keine Masse und keine Energiepartikel. Wir schaffen mit Hilfe unserer Hände. Er dagegen schuf, wie wir dem Zitat aus dem Hebräerbrief entnehmen, einfach durch sein Wort. Hier ist eine Kraft, die alles übertrifft, was wir uns im begrenzten, menschlichen Bereich vorstellen können. Er war in der Lage, lediglich durch sein gesprochenes Wort zu schaffen und zu formen.

Vor einigen Jahren begeisterten sich in England manche Christen für die »Urknall-Theorie«, weil sie meinten, sie bestätige das Christentum. Doch dabei mißverstehen sie entweder die Heilige Schrift oder die Urknall-Theorie oder beides. Tatsache ist einfach, daß die Aussage von 1 Mo 1,1 nichts mit der Urknall-Theorie zu tun hat, weil vom Standpunkt der Schrift aus die ursprüngliche Schöpfung geschah, bevor Materie oder Energie existierte. Gott schuf dabei durch sein Machtwort aus dem Nichts etwas, was vorher gar nicht existierte, das ist der Unterschied.

Nehmen wir einmal an, wir könnten alle Materie der Welt zu einem schweren Molekül von nur drei Zentimetern Seitenlänge komprimieren. Nehmen wir ferner an, daraus sei alles entstanden. Damit hätten wir immer noch keine Lösung für das grundlegende Problem des Menschen, denn wir hätten keine Erklärung, woher dieses Molekül gekommen ist und wie sich daraus die Form und Komplexität des bestehenden Universums oder etwas so persönliches und menschliches wie der Mensch entwickeln konnte. Dafür brauchen wir die Antwort der Schrift.

In 2 Petr 3,5 ist dieselbe Antwort formuliert: »Dabei vergessen sie (die Spötter, die die Wiederkunft Christi in Frage stellen) aber absichtlich, daß schon vorlängst Himmel waren und eine Erde aus Wasser und durch Wasser entstanden ist durch Gottes Wort.« Durch sein Machtwort »Es werde . . .« hat Gott die Welt ins Sein gebracht.

Aber wir müssen uns noch etwas klarmachen: »Die jetzigen Himmel aber und die Erde werden durch dasselbe Wort fürs Feuer aufgespart und bewahrt für den Tag des Gerichts und des Verderbens der gottlosen Menschen« (2 Petr 3,7). Diese Stelle spricht nicht nur von der Schöpfung, sondern auch vom Ablauf der Geschichte — von ihrem Anfang und von ihrem Fortgang. Gott hat nicht nur Himmel und Erde durch sein göttliches *fiat* (»es werde«) ins Sein gerufen, sondern er wirkt auf dieselbe Weise auch auf die Geschichte ein. Er ist nicht zum Sklaven seiner Schöpfung geworden. Ebenso ist er nicht Sklave der Geschichte. Die Geschichte läuft einem Ziel entgegen — sie ist im Fluß. Und dasselbe »Wort Gottes« wird vernehmlich sein, wenn Gott wiederum durch Gericht und Feuer redet. Es gibt zwar in der Welt, die Gott erschaffen hat, eine gesetzmäßige Naturkausalität, doch ist diese Welt kein in sich geschlossenes System. Gott kann immer noch sprechen, wann er will, und Petrus sagt, daß ein Tag in der Geschichte bevorsteht, an dem Gott tatsächlich wieder sprechen wird — diesmal im Gericht.

Dieses Konzept der Schöpfung durch ein gesprochenes Wort wird in zwei Aussagen der Psalmen wunderbar umschrieben: In beiden Stellen wird wahre, logisch erfaßbare Wahrheit in vollendeter Schönheit ausgesprochen. Die erste ist in Psalm 33,6.9: »Die Himmel sind durch das Wort des HERRN gemacht . . .« Die Übereinstimmung mit dem Neuen Testament ist bemerkenswert — durch das Wort des Herrn. Dann ist der neunte Vers zu beachten: »Denn er sprach, und es war« (Elberfelder Bibel). Diese Übersetzung entspricht dem Urtext am besten und vermittelt seine volle Bedeutung ohne Abstrich. Es heißt: »Er sprach, und es war.« Das, was nicht war, wird durch sein Machtwort. Hier ist der Anfangspunkt, von dem das Raum-Zeit-Kontinuum, die Geschichte, wie wir sie kennen, ausgeht.

Die zweite Stelle ist Psalm 148,5: »Sie sollen loben den Namen des

HERRN, denn sie entstanden auf sein Geheiß.« Dies ist die alttestamentliche Parallele zu Offenbarung 4,11, die Grundlage des Lobgesanges: Gott ist wirklich da, und er brachte alle Dinge, die sind, ins Sein.

Die Ausweglosigkeit des modernen Menschen in seinen Schwierigkeiten geht darauf zurück, daß er entweder nicht weiß oder aber bestreitet, daß die Dinge um ihn her auf einen Schöpfer zurückgehen. Wird die Schöpfung als geschichtliche Raum-Zeit-Wirklichkeit verneint, so bleibt nichts als das, was Simone Weil als »Unerschaffenheit« bezeichnete. Es ist zwar etwas da, aber dieses Etwas ist isoliert, autonom, und deshalb lassen sich die Probleme nicht lösen und die Fragen nicht beantworten. Wenn man nicht mehr anerkennt, daß alle Dinge von einem Schöpfer geschaffen worden sind, lassen sich die Sinnfrage und die Frage nach Kategorien nur noch durch einen Sprung — mit oder ohne Drogen — in eine irrationale Welt hinein beantworten. Die Verzweiflung des modernen Menschen beruht somit primär darauf, daß er nicht mehr anerkennt: Alle Dinge (mit Ausnahme des persönlichen Gottes, der immer war) sind erschaffen.

Weil ich mit allen Christen aber wirklich, wenn auch nicht allumfassend, weiß, warum etwas da ist, warum die Welt eine Form hat und der Mensch sein Menschsein besitzt, kann ich mich mit einer Simone Weil oder einem anderen verzweifelten modernen Menschen zusammensetzen, und wir können miteinander reden. Es gibt eine diskutierbare Antwort auf die Frage, warum die Dinge sind wie sie sind; und diese Antwort bildet den Rahmen für meine Dankbarkeit, wie für die jedes Christen. Wenn wir uns nicht auf die Dinge stützen, die wir bisher diskutiert haben, wird selbst die Dankbarkeit für unsere Errettung sinnlos, weil sie in einem Vakuum hängt. Es ist wirklich wahr, was Jeremia sagt: »Aber nicht wie diese ist Jakobs Teil, sondern der Schöpfer des Alls ist er.« Deshalb kann ich sowohl für die Erkenntnis dessen, was ist, danken, als auch für meine Rettung in Jesus Christus. Beides ist in der Tatsache verwurzelt, daß der Gott Jakobs anders ist als die Götzen von einst oder jetzt. Er ist anders: Er ist der Schöpfer aller Dinge.

2. Differenzierung der Schöpfung und Erschaffung des Menschen

Gott, der Schöpfer, ist unser Teil. Er ruft uns auf, ihn zu lieben und anzubeten, weil er alles, was ist, hervorgebracht hat. Die Bibel öffnet uns die Augen für die Wunder dieser Schöpfung.

»Gott schuf ...«

Das Wort *schuf* (hebr. *bara*) wird in der Schrift nur wenige Male gebraucht, besonders in der spezifischen Form, wie es in 1 Mo 1,1.21.27 und 5,1-2 erscheint. Im Ablauf der Schöpfung finden wir es an drei entscheidend wichtigen Stellen. Das erste Mal, als Gott aus dem Nichts schuf (1 Mo 1,1); das zweite Mal, als Gott bewußtes Leben schuf (1 Mo 1,21); und das dritte Mal, als Gott den Menschen schuf (1 Mo 1,27).

Diese dritte Stelle ist besonders interessant, weil hier das Wort »schuf« in dieser speziellen Form wiederholt gebraucht wird: »Und Gott *schuf* den Menschen ihm zum Bilde, zum Bilde Gottes *schuf* er ihn: männlich und weiblich *schuf* er sie.« Gott setzt hier gewissermaßen Ausrufzeichen, um anzudeuten, daß die Erschaffung des Menschen ein ganz besonderer Akt ist. Dieser Eindruck verstärkt sich, wenn wir die Zusammenfassung in 1 Mo 5,1-2 aufschlagen: »Dies ist das Buch von Adams Geschlecht: Am Tage, da Gott den Menschen *schuf*, machte er ihn Gott ähnlich; männlich und weiblich *schuf* er sie und segnete sie und nannte ihren Namen Adam, am Tage, da er sie *schuf*.« An beiden Stellen ist das Wort dreimal hervorgehoben. Gott bezeichnet somit drei Schöpfungsakte als einzigartig: die Schöpfung aus dem Nichts, die Erschaffung bewußten Lebens und die Erschaffung des Menschen.

Differenzierung

In 1 Mo 1,2 steht: »Und die Erde war wüst und leer (oder: formlos); und es lag Finsternis auf der Tiefe.« An diesem Punkt des Schöpfungsprozesses ist das Erschaffene noch undifferenziert. Mit anderen Worten: es scheint sich um die Erschaffung des *bloßen Seins* zu handeln. Was Gott geschaffen hat, ist noch formlos — die einzelnen Teile lassen sich nicht unterscheiden. Vom dritten Vers an stellen wir dann eine sich kontinuierlich entfaltende Differenzierung fest. Es sind somit zwei Stufen zu unterscheiden: 1. Schöpfung aus dem Nichts und 2. Differenzierung.

Die zweite Stufe darf nicht mit der ersten verwechselt werden. Es fällt auf, daß jede Phase der Differenzierung mit einer Aufforderung wie »Es werde«, »es soll« o. ä. eingeleitet wird, zum Beispiel: »Und Gott sprach: Es werde Licht! Und es ward Licht« (1 Mo 1,3), oder: »Es soll eine Feste entstehen inmitten der Wasser ... und es ward so« (1 Mo 1,6-7). Kurz, Gott leitet mit dem Imperativ »So soll es sein« ein Geschehen ein, das sich vom Akt der Schöpfung aus dem Nichts unterscheidet.

Dieselben Imperative scheinen an anderen Stellen eine noch allgemeinere Bedeutung zu haben. So lesen wir zum Beispiel in 1 Mo 1,14: »Die (Lichter an der Himmelsfeste) sollen zur Bestimmung der Zeiten und der Tage und Jahre dienen.« Ebenso finden wir im zweiten Teil des Verses 26 den Auftrag: »Die (Menschen) sollen herrschen.« An diesen Stellen ruft Gott nicht etwas ins Sein, er differenziert auch nicht Seiendes, sondern er definiert den Zweck des betreffenden geschaffenen Seins. Dabei sollten wir allerdings beachten, daß an den meisten Stellen dieses Kapitels, wo Imperative wie »es soll« oder »es werde« auftauchen, Gott immer noch durch sein *fiat* handelt, wie bei der Schöpfung aus dem Nichts. Er sagt: »So soll es sein«, und so geschieht es auch.

Wahre Kommunikation und umfassende Kommunikation

Wir beschäftigen uns hier mit Dingen, die in weiter Vergangenheit liegen und kosmische Ereignisse betreffen. Die Frage stellt sich dabei: Können wir darüber überhaupt in irgendeiner wirklich sinnvollen Weise reden? Hier müssen wir zunächst zwischen wahrer Kommunikation und umfassender Kommunikation unterscheiden. Als Christen behaupten wir, daß die Bibel, sofern alle Fakten angemessen berücksichtigt werden, uns wahres Wissen, jedoch nicht erschöpfendes Wissen vermittelt. Als begrenztes Wesen ist der Mensch ohnehin nicht imstande, allumfassendes Wissen zu verarbeiten. Dies stellen wir schon bei der Kommunikation von Mensch zu Mensch fest: Wir können einander wahre Information übermitteln, aber die Information wird nie erschöpfend sein. Auch ein Christ, der die Inspiration der Bibel ganz ernst nimmt, wird in keinem Fall beanspruchen, erschöpfendes Wissen zu besitzen.

Die Bibel ist ein Buch, das seinen Zweck ganz und gar erfüllt. Gerade diesen Zweck, ihre eigentliche Bestimmung, dürfen wir nicht vergessen: Sie ist die Botschaft Gottes an den gefallenen Menschen. Das Alte Testament übermittelte den Menschen das, was sie vom Sündenfall bis zum ersten Kommen Christi brauchten. Das Alte und das Neue Testament zusammen geben den Menschen alles, was sie vom Sündenfall bis zum zweiten Kommen Christi brauchen. Darüber hinaus werden uns viele andere nützliche Einzelheiten vermittelt, doch bleibt der Hauptzweck unverrückt im Zentrum. So ist zum Beispiel oft von Engeln die Rede, und doch ist die Bibel kein Buch über »Engelskunde«. Was uns über Engel gesagt wird, ist wahr und verständlich formuliert, jedoch immer auf den Menschen bezogen. Dasselbe gilt für die biblischen Aussagen über den Himmel: Wir erhalten soviel faktische Information über den Himmel, wie wir brauchen, aber die Bibel hält sich nicht mit vielen Einzelheiten auf. Die Erschaffung des Kosmos wird berichtet, weil wir den Zustand vor dem Fall kennen müssen. Was uns die Bibel sagt, ist logisch verständliche, faktische, wahre Wahrheit, aber immer mit Bezug auf den Menschen. Sie *ist* insofern ein naturwissenschaftliches Textbuch, als ihre Aussagen über den Kosmos wahr sind, wahr im Sinne der klassischen Logik. Was wir einst im Himmel zusätzlich erfahren, wird den uns jetzt in der Bibel gebotenen Fakten ebensowenig widersprechen, wie das Neue Testament dem Alten widerspricht. Die Bibel ist *kein* wissenschaftliches Textbuch, wenn damit gemeint ist, es sei ihr Ziel, uns umfassende Wahrheit zu vermitteln, oder die wissenschaftlichen Fakten seien ihr zentrales Thema und ihr Daseinszweck.

Folglich müssen wir vorsichtig sein, wenn wir sagen, daß wir den Geschichtsablauf kennen: Wir dürfen weder behaupten, die Naturwissenschaft sei unnötig oder zwecklos, noch dürfen wir die Meinung vertreten, daß das, was wir aus der Schrift ableiten, absolut zutreffend sei, oder daß solche Ableitungen ebenso gültig seien wie die Aussagen der Schrift selbst. Doch ändert das nichts an der Tatsache, daß die biblische Offenbarung logisch verständlich ist und mit Hilfe der Vernunft studiert werden muß — in Verbindung mit der Naturwissenschaft und mit dieser koordiniert. Der Inhalt der Schrift ist nicht irrational, und die ganze Schrift hat Offenbarungscharakter[1].

Wenn die Bibel also von den Differenzierungen spricht, die auf

Gottes »So soll es sein« hin entstehen, so können wir darauf vertrauen, daß dies wahre Geschichte ist; das bedeutet allerdings nicht, daß damit die jeweiligen Vorgänge restlos geoffenbart oder alle unsere Fragen beantwortet sind. Das gilt für unsere Vorfahren, für uns und auch für all die, die nach uns kommen. Ja, selbst wenn wir einmal bei Gott sind und ihn von Angesicht zu Angesicht sehen, werden wir das, was er uns sagt — und es wird gewiß sehr viel mehr sein als heute! — nicht restlos begreifen, weil wir als begrenzte Wesen niemals das Unendliche erfassen können. Unser Wissen kann durchaus wahr und normativ sein, ohne deshalb Gottes Wissen in allen Einzelheiten zu erfassen.

»Und Gott schied . . .«

Auf die ursprüngliche Schöpfung aus dem Nichts folgen also, wie wir sahen, die verschiedenen Differenzierungen. Die erste wird in 1 Mo 1,3-4 beschrieben: »Und Gott sprach: Es werde Licht! Und es ward Licht. Und Gott sah, daß das Licht gut war; da schied Gott das Licht von der Finsternis.« (Die Wörter *schied* oder *Unterscheidung* sind wichtig, denn sie werden in diesem Kapitel öfters vorkommen.) Die erste Differenzierung betrifft Finsternis und Licht. In jüngeren Jahren habe ich mich oft gewundert, daß schon an dieser Stelle vom Licht die Rede ist, heute jedoch wissen wir, daß dies mit dem derzeitigen Stand der Wissenschaft übereinstimmt. Seit der Atomspaltung sind manche Theorien revidiert worden; Licht ist eng mit Energie verwandt, und es überrascht somit nicht, daß das Licht (nicht zu verwechseln mit der Sonne) als erste Differenzierung aus dem *bloßen Sein* erwähnt wird.

Die zweite Differenzierung folgt im Vers 6: »Und Gott sprach: ›Es soll eine Feste entstehen inmitten der Wasser, die bilde eine Scheidewand zwischen den Gewässern.‹« Einige Wissenschaftler, die die biblische Lehre zu schmälern versuchten, behaupteten, das Wort *Feste* (oder Firmament) lasse darauf schließen, daß die Juden sich über der Erde einen ehernen Deckel vorgestellt hätten. Das trifft aber keineswegs zu. *Feste* bedeutet einfach »Ausdehnung« und ist ein ziemlich umfassendes Wort, denn am *Firmament,* der Himmelsfeste, befinden sich Sonne, Mond und Sterne (V. 14). Wir würden das hebräische Wort heute vielleicht am besten mit »Raum« übersetzen. Das *Firmament* ist darüber hinaus der Lebensraum der Vögel (V. 20). Auf jeden Fall ist die

Vorstellung, mit »Firmament« oder »Feste« sei ein harter Deckel nach einer primitiven Vorstellung vom dreistöckigen Universum gemeint, völlig abwegig. Vielmehr wird hier eine Differenzierung des Lebensraumes angedeutet — eine Absonderung des offenen Raumes, der uns umgibt.

Vers 9 weist auf eine weitere Differenzierung hin, welche nun die Erde selbst betrifft: »Und Gott sprach: Es sammle sich das Wasser unter dem Himmel an einen Ort, daß man das Trockene sehe! Und es geschah also.« Jetzt haben wir Meer und Festland. Wir sehen hier gewissermaßen eine sich Schritt um Schritt vollziehende Abgrenzung.

Eine vierte Differenzierung ist in Vers 11 erwähnt: »Und Gott sprach: Es lasse die Erde grünes Gras sprossen und Gewächs, das Samen trägt, fruchtbare Bäume, deren jeder seine besondere Art Früchte bringt, in welcher ihr Same sei auf Erden! Und es geschah also.« Nun sprießt auf der Erde Vegetation hervor, und es wird differenziert zwischen nicht-lebender Materie und Leben in der pflanzlichen Form.

Die Differenzierung schreitet fort in den Versen 14-16, wo Gott Lichter am Firmament erscheinen läßt und auf der Erde Tag und Nacht voneinander trennt. Dabei wirft Vers 16 gewisse Schwierigkeiten auf: »Und Gott machte die zwei großen Lichter, das große Licht zur Beherrschung des Tages und das kleinere Licht zur Beherrschung der Nacht; dazu die Sterne.« Offensichtlich will diese Stelle in erster Linie betonen, daß auf der Erde der Tag von der Nacht getrennt wird. Beschrieben wird in erster Linie die kontinuierliche Differenzierung des Seienden, vom bloßen Sein zum Licht (oder zur Energie) und weiter in einen differenzierten Raum, in Bereiche von Wasser und Land, in leblose Materie und lebende Pflanzen, und schließlich in Tag und Nacht auf der Erde.

In den Versen 20 und 21 ist von einer der wichtigsten Differenzierungen die Rede — nämlich der zwischen dem bewußten und dem unbewußten Leben. Und genau an dieser Stelle wird, wie schon gesagt, wieder das Wort *schuf* in seiner besonderen Form verwendet: »Und Gott sprach: Das Wasser soll wimmeln von einer Fülle lebendiger Wesen, und es sollen Vögel fliegen über die Erde, an der Himmelsfeste dahin! Und Gott schuf die großen Fische und alles, was da lebt und webt, wovon das Wasser wimmelt, nach ihren Gattungen. Und Gott sah, daß es gut war.« Bewußtes Leben erscheint also auf zwei Ebenen — bewußtes Leben in den Wassern und bewußtes Leben in der Luft.

Wir finden auch hier wieder einerseits die Imperativform: »Das Wasser *soll* wimmeln, es *sollen* Vögel fliegen«, wie in den Versen 3, 6, 9, 11, 14 und nun zweimal in Vers 20. An dem Punkt jedoch, wo bewußtes Leben erscheint, wird wiederum die besondere Form »und Gott *schuf*« hervorgehoben wie schon zuvor bei der ursprünglichen Schöpfung aus dem Nichts.

Mit Vers 24 gelangen wir zur siebenten Differenzierung: »Und Gott sprach: Die Erde bringe hervor lebendige Wesen nach ihrer Art, Vieh, Gewürm und Tiere des Feldes nach ihrer Art! Und es geschah also.« Hier wird unterschieden zwischen dem bewußten Leben auf der Erde und dem bewußten Leben in Wasser und Luft. Nun ist alles erschaffen und differenziert, eines ausgenommen — der Mensch. Damit kommen wir zu der Unterscheidung, die für uns so überaus wichtig ist.

Gott sondert den Menschen vom bloßen Sein, vom pflanzlichen Leben und vom bewußten Leben der Fische, Vögel und Landtiere ab. So lesen wir in 1 Mo 1,26: »Und Gott sprach: Wir wollen Menschen machen nach unserem Bild uns ähnlich.« Der Mensch steht in einem ausdrücklichen Kontrast zu allem, was vorher erschaffen wurde. Erstens wird hier wieder das Wort *schuf* verwendet, was darauf hindeutet, daß Gott den Menschen in einer besonderen Weise gemacht hat. Des weiteren erfahren wir, worin diese Besonderheit besteht: Der Mensch wurde »nach dem Bilde Gottes« gemacht.

Wir sollten zu dieser Stelle eine weitere Information aus 1 Mo 2,7 heranziehen: »Da bildete Gott der Herr den Menschen, Staub von der Erde, und blies den Odem des Lebens in seine Nase, und also ward der Mensch eine lebendige Seele.« Wir dürfen dem Wort *Seele* keine zu große Bedeutung zumessen, denn es wird auch in bezug auf andere Wesen mit bewußtem Leben angewendet. Betont wird hier nicht die Seele als Gegensatz zum Leib, sondern die Tatsache, daß Gott den Menschen durch einen spezifischen und bestimmten Akt als ein lebendiges Wesen mit bewußtem Leben erschaffen hat. Gott schuf den Menschen in einem besonderen Schöpfungsakt nach seinem Bilde. Dies wird ausdrücklich klar gemacht durch den zuvor erwähnten dreimaligen Gebrauch des Wortes *schuf*, sowohl in 1 Mose 1,27, als auch 5,1-2.

1 Mose 1 und 1 Mose 2

Heute wird von manchen Theologen die Ansicht vertreten, 1 Mose 1 und 1 Mose 2 bildeten zwei getrennte Berichte ohne jeden Bezug zueinander. Diese Ansicht ist jedoch unhaltbar, wenn man berücksichtigt, wie die Schrift selbst diese beiden Kapitel auslegt. In Wirklichkeit bilden das erste und das zweite Kapitel der Genesis eine Einheit; keiner der beiden Berichte ist in sich selbst vollständig. Beide Abschnitte ergänzen einander, und jeder von ihnen enthält einzigartige Aussagen, die für das Verständnis des Menschen wichtig sind.

Es gibt aber noch ein stärkeres Argument für die Einheit als nur die Zusammenhänge und Überschneidungen der zwei Berichte. Jesus selbst verbindet sie miteinander. Wenn wir diese Einheit bestreiten, müssen wir auch die Art ablehnen, in der Jesus diese beiden Kapitel behandelte. In seiner Antwort auf die Frage der Pharisäer zur Ehescheidung sagte Jesus: »Habt ihr nicht gelesen, daß der Schöpfer die Menschen am Anfang als Mann und Weib erschuf...« Hier weist Jesus auf 1 Mose 1,27 hin. Doch dann fährt er fort: »Darum wird ein Mensch Vater und Mutter verlassen und seinem Weibe anhangen, und die zwei werden ein Fleisch sein.« Diese Worte in Matthäus 19,4-5 sind aus 1 Mose 2,24 zitiert. Jesus faßt also hier Stellen aus 1 Mose 1 und 1 Mose 2 zusammen und behandelt sie als Einheit.

In Markus 10,6-8 befindet sich ein weiterer Hinweis auf die Einheit: »Am Anfang der Schöpfung aber hat Gott sie geschaffen als Mann und Weib.« Hier wird auf 1 Mose 1,27 zurückgeblendet. Unmittelbar anschließend sagt Jesus: »Darum wird ein Mensch seinen Vater und seine Mutter verlassen und seinem Weibe anhangen.« Dieser Satz ist von 1 Mose 2,24 abgeleitet. Wieder werden beide Berichte in einer Aussage verbunden. Nun fährt Jesus fort: »Und die zwei werden ein Fleisch sein. So sind sie nicht mehr zwei, sondern ein Fleisch.« Die miteinander verbundenen Passagen dienen Jesus als Grundlage für die ethischen Normen der Ehe. Jesus greift auf das Alte Testament zurück, verbindet die Erschaffung des Menschen nach 1 Mose 1 mit seiner Erschaffung nach 1 Mose 2 und begründet in dieser Einheit seine Sicht der Ehe.

Noch mehr wird das Verhältnis von 1 Mose 1 zu 1 Mose 2 erhellt, wenn wir ein in der ganzen Genesis vorherrschendes literarisches Strukturelement berücksichtigen: In der Regel werden weniger wichtige Dinge vorab kurz dargestellt, und dann greift der Bericht auf die

Anliegen zurück, die dem zentralen Thema der Bibel naheliegen, um diese umfassender zu behandeln. So ist es zum Beispiel mit der Geschichte von Isaak und seinen Söhnen Jakob und Esau. Von Esau wird zuerst berichtet, der nachfolgende Bericht über Jakobs Leben ist aber viel eingehender und umfassender. Dasselbe finden wir hier: 1 Mose 1 stellt kurz den Menschen in seiner kosmischen Umgebung dar; danach wendet sich 1 Mose 2 dem Menschen zu, und er wird zum Mittelpunkt des Berichtes. Wie wir schon sagten, befaßt sich die Bibel mit den gefallenen Menschen. Ihr Zweck besteht darin, uns Menschen diesseits des Falles zu sagen, wer wir sind, und uns all das mitzuteilen, was wir nach Gottes Willen wissen sollen. Folglich stellt Gott den Menschen, nachdem er ihn in 1 Mose 1 in seiner kosmischen Situation gezeigt hat, von 1. Mose 2 an ganz ins Zentrum. Somit unterscheiden sich die Berichte von 1. Mose 1 und 1. Mose 2 im Akzent, sind aber keineswegs einander entgegengesetzt.

Die Geschichtlichkeit von Adam und Eva

Die Art und Weise, wie Jesus 1. Mose 1 und 2 behandelt, wirft auch die Frage nach der Geschichtlichkeit von Adam und Eva auf. Man kann kaum die Tatsache bezweifeln, daß Jesus Adam und Eva als das wirklich erste Menschenpaar in Raum und Zeit betrachtete. Wer sie dennoch in Frage stellt, wird spätestens dann eines Besseren belehrt, wenn er einige andere Stellen des Neuen Testamentes berücksichtigt.

Römer 5,12 bezeugt zum Beispiel deutlich, daß Adam und Eva tatsächlich Menschen in Raum und Zeit waren: »Darum, gleichwie durch einen Menschen die Sünde in die Welt gekommen ist und durch die Sünde der Tod . . .« So gab es also einen ersten Menschen, einen einzelnen Menschen. Paulus sagt weiter in Vers 14: »Dennoch herrschte der Tod von Adam bis Mose auch über sie, welche nicht mit gleicher Übertretung gesündigt hatten wie Adam . . .« Ganz offensichtlich wird Adam hier als eine ebenso geschichtliche Person wie Mose aufgefaßt. Andernfalls wäre Paulus' Argumentation sinnlos. Vers 15 betont: »Aber es verhält sich mit dem Sündenfall nicht wie mit der Gnadengabe. Denn wenn durch des einen Sündenfall die vielen gestorben sind, wieviel mehr ist die Gnade Gottes und das Gnadengeschenk durch den einen Menschen Jesus Christus den vielen reichlich zuteil geworden.« Hier wird eine Parallele gezogen zwischen der Geschichtlichkeit Adams (des ersten Menschen) und zwei anderen — Christus und uns selbst. »Die vielen« sind geschichtliche Menschen, und so laufen hier drei Linien parallel: Die Geschichtlichkeit Adams, die Geschichtlichkeit Christi und meine eigene Geschichtlichkeit.

Was Paulus im Römerbrief hervorhebt wird weiter unterstrichen in 1 Korinther 15,21-22: »Denn weil der Tod kam durch einen Menschen, so kommt auch die Auferstehung der Toten durch einen Menschen; denn gleichwie in Adam alle sterben, so werden auch in Christus alle lebendig gemacht werden.« Wiederum wird die Geschichtlichkeit Jesu Christi (dem Paulus, wie wir uns erinnern müssen, auf der Straße nach Damaskus begegnet ist) in Parallele gesetzt zur Geschichtlichkeit des Menschen, der hier Adam genannt wird. Vers 45 führt dieselbe Linie weiter: »So steht auch geschrieben: Der erste Mensch, Adam, wurde zu einer lebendigen Seele; der letzte Adam zu einem lebendigmachenden Geiste.« Dieses »so steht auch geschrieben« weist auf 1 Mose 2,7 hin. Wer sich also über die Geschichtlichkeit von Adam hinwegsetzen will, kann nicht umhin, sich über diese deutlich gezeigte Parallele zwischen Adam und Christus Gedanken zu machen.

Oft wird behauptet, diese Parallelität erscheine nur bei Paulus; das Lukas-Evangelium bestätigt aber genau dasselbe. Unter den Vorfahren Jesu führt Lukas eine Reihe von geschichtlichen Figuren an, Leute wie David, Isai, Jakob und Abraham, und schließt zuletzt: »(welcher war der Sohn) des Enos, des Set, des Adam, Gottes« (Lukas 3,38). Hier ist also wieder eine dreifache Parallele — eine Parallele zwischen der objektiven geschichtlichen Existenz einer ganzen Gruppe von Menschen, deren Geschichtlichkeit wir durch die Stellen im Alten und Neuen Testament belegt wissen, der objektiven geschichtlichen Existenz von Adam und der objektiven Existenz von Gott selbst. Wenn wir die Geschichtlichkeit Adams ausschließen, ziehen wir uns förmlich den Boden unter den Füßen weg! Und wenn wir versuchen, an dieser normalen Art, das in der Bibel Geschriebene zu verstehen, herumzupfuschen, reduzieren wir die ganze Struktur des Christentums zu nichts anderem als einem existentialen Sprung.

Wir gehen einen Schritt weiter und lesen in 1 Timotheus 2,13-14: »Denn Adam wurde zuerst gebildet, darnach Eva. Und Adam wurde nicht verführt, das Weib aber wurde verführt und geriet in Übertretung.« Somit ist nicht nur Adam eine geschichtliche Person; auch Eva wird als historische Figur bezeichnet. Dazu kommt 2 Korinther 11,3: »Ich fürchte aber, es könnten, wie die Schlange mit ihrer List Eva verführte, so auch eure Sinne verdorben und von der Einfalt gegen Christus abgelenkt werden.« Hier wird die Parallele zwischen Eva und mir selbst gezogen. Paulus fordert uns als objektiv reale Menschen — Menschen, die in der Geschichte stehen — auf, uns vor einer ähnlichen Situation zu hüten. Ganz offensichtlich und ohne Zögern erwartet Paulus dabei, daß der Leser mit ihm die Geschichtlichkeit Evas und des Berichtes der Genesis anerkennt.

Auch die klare Aussage in 1 Korinther 11,8-9 ist bemerkenswert: »Denn der Mann kommt nicht vom Weibe, sondern das Weib vom Mann; auch wurde der Mann nicht um des Weibes willen erschaffen, sondern das Weib um des Mannes willen.« Hier argumentiert Paulus von der Tatsache her, daß Eva nach Adam erschaffen wurde. Ebenso sind die Zitate aus dem Anfang der Genesis zu berücksichtigen, die Paulus in 1 Korinther 6,16 und in Epheser 5,31 anführt. Darüber hinaus wird Kain in 1 Johannes 3,12 als geschichtliche Person behandelt, während in Hebräer 11 Abel, Henoch und Noah neben Abraham und allen, die ihm in der Geschichte folgten, erwähnt werden.

Wir haben somit eine starke Bezeugung der Einheit von 1 Mose 1 und 2 und der Geschichtlichkeit von Adam und Eva. Dieses Zeugnis stützt sich sowohl auf die Autorität von Paulus und Lukas, als auch die von Jesus selbst.

Die Erschaffung Evas

In 1 Mose 2 wird berichtet, daß Adam vor Eva erschaffen wurde. Neben Adam gibt es zunächst kein menschliches Wesen. Er ist allein. Adam, in einer spezifischen, einmaligen Weise im Bilde Gottes erschaffen und von allem übrigen unterschieden, stellt fest, daß ihm nichts entspricht. Im hebräischen Text ist dies im Vers 20 besonders deutlich: »Für den Menschen fand sich keine Gehilfin, die ihm entsprochen hätte (das heißt eine Hilfe als Gegenüber)!« Es geht hier um ein Gegenstück zu Adam, jemand, der ihm gleichwertig und doch von ihm verschieden ist. Dieses Gegenstück, das wir heute in der Lebensbeziehung von Mann und Frau so gut kennen, existierte damals nicht. Etwas Wesentliches war nicht vorhanden.

»Und Gott, der HERR sprach: Es ist nicht gut, daß der Mensch allein sei; ich will ihm eine Gehilfin machen, die ihm entspricht!« (1 Mo 2,18) Der biblische Bericht fährt fort: »Da ließ Gott der HERR einen tiefen Schlaf auf den Menschen fallen; und während er schlief, nahm er eine seiner Rippen und verschloß deren Stelle mit Fleisch. Und Gott der HERR baute aus der Rippe, die er von dem Menschen genommen hatte, ein Weib und brachte sie zu ihm. Da sprach der Mensch: Das ist nun einmal (hier könnte übersetzt werden: *Diese, die jetzt da ist,* wodurch das geschichtliche Moment betont würde) — Diese, die jetzt da ist, ist nun einmal Bein von meinem Bein und Fleisch von meinem Fleisch! Die soll Männin heißen, denn sie ist dem Mann entnommen! Darum wird der Mensch seinen Vater und seine Mutter verlassen und seinem Weibe anhangen, daß sie zu einem Fleisch werden« (1 Mose 2,21-24).

Zu beachten ist, daß Jesus an einer Stelle des Neuen Testamentes, die wir schon angeführt haben (Mt 19,4-5), die Worte von Vers 24 als eine direkte Aussage Gottes bezeichnet. Gott selbst verweist also auf die besondere Art der Erschaffung Evas, ›aus dem Manne genommen‹. Man kann deshalb nicht an dieser klaren Aussage gleich zu Beginn der Genesis herumpfuschen, ohne damit gleichzeitig die Möglichkeit für eine echte Bedeutung von Sprache und Kommunikation zu verspielen. Uns wird gesagt, daß Gott die Frau auf diese besondere Weise erschaffen hat.

Die Tatsache, daß die Frau aus dem Mann erschaffen wurde, ist auch philosophisch gesehen sehr wichtig, denn sie besagt, daß die Menschheit wirklich eine Einheit ist. Der Mensch kam nicht einfach von irgendwo her. Er hat auch nicht mehrere Wurzeln. Es gab einen echten Anfang, einen Anfang in der wirklichen Einheit eines einzelnen Menschen, eines Individuums, das sich von allem bisherigen unterschied, und diese Einheit differenzierte sich dann im Sinne von Mann und Frau. Dieses Verständnis des Menschen verleiht dem christlichen Konzept von der Einheit der Menschheit seine Stärke. Die heutige Welt sucht krampfhaft nach einer Grundlage für ihre Forderung nach der Einheit aller Menschen; dieses Problem stellt sich für den Christen nicht, denn er weiß, warum die Menschheit wirklich eins ist.

Ferner können wir jetzt auch etwas von der Bedeutung der Ehe verstehen, weil Gott selbst die eheliche Verbindung in diese Realität der einheitlichen Menschheit eingebettet hat. Wir können etwas begreifen von der besonderen Einheit, in welcher das Männliche und das Weibliche ein Ganzes bilden, zu einem Fleische werden. Der Mensch als Ganzes schließt das männliche und das weibliche Wesen ein, und die Vereinigung von einem Mann und einer Frau stellt diese Einheit her.

Als Christen dürfen wir nicht zulassen, daß dieser Abschnitt der Genesis über die Erschaffung der Eva als unwichtig beiseitegeschoben wird. Es mag anfänglich scheinen, als würden wir dabei nicht viel verlieren, und doch würde es schließlich wirklich zerstörerisch wirken. Die Bibel beschreibt die Erschaffung von Eva als eine spezifische Differenzierung, die in ihrer Art im gleichen Maße eine Differenzierung ist wie die Erschaffung von Adam selbst.

Deshalb unterstreicht auch 1 Mose 5,1-2 ausdrücklich: »Dies ist das Buch von Adams Geschlecht: Am Tage, da Gott den Menschen schuf, machte er ihn Gott ähnlich; männlich und weiblich schuf er sie und segnete sie und nannte ihren Namen Adam[2], am Tage, da er sie schuf.« Das zweite *schuf* in diesem Abschnitt bezieht sich auf die Differenzierung in männlich und weiblich. Das stimmt überein mit 1 Mo 1,27: »Männlich und weiblich schuf er sie.« Die Differenzierung des Seienden ist damit vollständig.

Das bisher Gesagte über den Ablauf der Geschichte läßt sich wie folgt zusammenfassen: Es gab eine erste Schöpfung aus dem Nichts, darauf Differenzierungen in verschiedenen Formen, dann die Differenzierung des Menschen von allem, was vorher war, und endlich, in einer ganz besonderen Weise, die Differenzierung zwischen Eva und Adam, zwischen der Frau und dem Mann. Die ganze Sequenz bezeugt, daß Adam und Eva in der Raum-Zeit-Geschichte stehen.

Das Bild Gottes

Was unterscheidet nun Adam und Eva vom Rest der Schöpfung? Die Anwort ist in 1 Mose 1,26 zu finden: »Und Gott sprach: Wir wollen Menschen machen nach unserem Bild ...« Adam und Eva sind von der übrigen Schöpfung unterschieden, weil sie *nach dem Bilde Gottes* erschaffen wurden. Für den Menschen des zwanzigsten Jahrhunderts ist dieser Satz *nach dem Bilde Gottes* eine der wichtigsten Aussagen der Schrift, denn die Menschen haben heute keine Antwort mehr auf die entscheidende Frage: »Wer bin ich?« Durch seine naturalistischen Theorien, beherrscht von der Naturkausalität im Universum, das als geschlossenes System betrachtet wird, und vom evolutionären Konzept einer mechanischen Zufallsparade vom Atom zum Menschen, hat der Mensch seine Identität verloren. Wenn er nun in die Welt hinausblickt und der Maschine gegenübersteht, kann er sich nicht dagegen abgrenzen. Er kann sich von den anderen Dingen nicht unterscheiden.

Der Christ hingegen hat dieses Problem nicht. Er weiß, wer er ist. Dies ist eines der größten Geschenke Gottes: Ich weiß, wer ich bin.

Als Christ weiß ich, was mich von allem anderen unterscheidet. So kann ich die komplizierteste Maschine betrachten, die je von Menschen gebaut wurde oder noch gebaut wird, und bin doch gewiß: Selbst wenn die Maschine Dinge vollbringt, die ich nicht machen könnte, bin ich doch mehr als die Maschine. Wenn ich eine Maschine sehe, die stärker ist als ich, so stört mich das nicht. Wenn sie ein Haus in die Luft heben kann, so berührt mich das nicht. Wenn sie schneller arbeitet als ich, fühle ich mich doch nicht bedroht. Selbst der riesige Computer, der beim Schachspiel nicht zu schlagen ist, erdrückt mich nicht, selbst wenn ich mir klarmache, daß weder ich noch irgendein anderer Mensch ihn jemals wird besiegen können. Manche mögen intellektuell und psychologisch überwältigt sein von der Tatsache, daß der Mensch eine Maschine bauen kann, die ihn bei seinen eigenen Spielen übertrumpft, der Christ kann gelassen darauf reagieren.

Der Christ weiß, daß der Mensch im Ablauf der Geschichte einen besonderen Ursprung hat. Das bedeutet nicht, daß Gott nicht beides, den Menschen und die große Maschinerie des Universums erschaffen hat. Aber er hat den Menschen so erschaffen, daß er sich vom übrigen Universum unterscheidet. Der Unterschied des Menschen zur Maschine liegt darin, daß der Mensch wesensmäßig nach oben statt nach unten oder horizontal orientiert ist. Er ist für die Gemeinschaft mit Gott geschaffen, wie dies für kein anderes erschaffenes Wesen zutrifft.

Auf diesem Boden seiner Erschaffung im Bilde Gottes eröffnen sich dem Menschen alle Möglichkeiten. Plötzlich zerrinnt mir Personalität nicht mehr unter den Fingern. Ich erkenne, daß Gemeinschaft und Persönlichkeitsentfaltung möglich sind. Ich verstehe, daß es eine echte Beziehung zu Gott und echte Gemeinschaft als personale Beziehung gibt, weil ich im Bilde Gottes gemacht bin und weil Gott Person ist. Wichtig ist vor allem, daß mein Bezugspunkt oben ist. Natürlich gibt es auch Beziehungen nach unten, aber ich bin von allem, was niedriger ist, verschieden.

Diese Differenzierung ermöglicht überhaupt erst echte Liebe. Liebe unter Maschinen ist unvorstellbar. Obwohl zwei Computer zusammengeschaltet werden können, um irgend ein Problem zu lösen, würde niemandem einfallen, dies eine Liebesbeziehung zu nennen. Ein weiteres: Da wir im Bilde Gottes geschaffen sind, gibt es kein Rätsel mehr in bezug auf die Möglichkeit von Kommunikation; auch die Frage nach der Möglichkeit von Offenbarung klärt sich, denn weil ich in Gottes Bild gemacht bin, kann er mir Wahrheit in faßbaren, logischen

Sätzen offenbaren. Wenn der Mensch im Bilde Gottes geschaffen ist, dann ist auch die Inkarnation, trotz ihrer vielen Geheimnisse, kein völlig undenkbares Konzept mehr. Die Inkarnation ist nicht irrational, wie sie einfach erscheinen muß, wenn der Mensch sich selbst nur als den Begrenzten sieht, der einem philosophischen Andern gegenübersteht.

Folglich kann ich dankbar sein für die Einsicht, die mir hier in der Genesis vermittelt wird — daß nämlich der Mensch im Ablauf der Geschichte nach dem Bilde Gottes gemacht worden ist —, denn so habe ich eine intellektuelle, emotionale und psychologische Basis, um zu verstehen, wer ich bin.

Die Herrschaft des Menschen

Aufgrund seiner Erschaffung im Bilde Gottes besitzt der Mensch die Herrschaft über alles andere, was ihn in der Welt umgibt. Das liegt nicht einfach an seiner größeren Kraft; er ist ja gar nicht immer der Stärkere. Die Herrschaft ist ein Aspekt der Gottesbildlichkeit, denn der im Bilde Gottes erschaffene Mensch steht zwischen Gott und all dem, was Gott ihm untergeordnet hat. Als erschaffenes Wesen ist der Mensch nicht höher eingestuft als alles Erschaffene, aber weil er im Bilde Gottes erschaffen ist, trägt er die Verantwortung, bewußt für das zu sorgen, was Gott seiner Sorge unterstellt hat.

Des weiteren befreit uns die Tatsache, daß wir im Bilde Gottes erschaffen sind, von dem erdrückenden Empfinden, daß alles, was *ist,* deshalb auch *recht* sein muß. Uns wurde eine Herrschaft übertragen, die eine moralische Verantwortung einschließt. Wir sind daher nicht an eine Ethik wie die des Marquis de Sade ausgeliefert, wonach alles, was ist oder was Macht hat, recht ist.

Wir wollen noch einen Schritt weitergehen. In 1 Mose 1,26 lesen wir: ». . . die sollen herrschen über die Fische im Meer und über die Vögel des Himmels und über das Vieh auf der ganzen Erde, auch über alles, was auf Erden kriecht!« Gleich darauf werden diese Worte wiederholt: »Und Gott segnete sie und sprach zu ihnen: Seid fruchtbar und mehret euch und füllet die Erde und machet sie euch untertan und herrschet über die Fische im Meer und über die Vögel des Himmels und über alles Lebendige, was auf Erden kriecht! Und Gott sprach: Siehe, ich habe euch alles Gewächs auf Erden gegeben, das Samen trägt, auch alle Bäume, an welchen Früchte sind, die Samen tragen;

sie sollen euch zur Nahrung dienen« 1 Mose 1,28-29. Somit kann der Mensch in seinem Herrschaftsbereich die Pflanzenwelt für sich nutzen.

Ein weiteres Gebiet, auf das sich seine Herrschaft erstreckt, wird in 1 Mose 2,19-20 gezeigt: »Und Gott der HERR bildete aus der Erde alle Tiere des Feldes und alle Vögel des Himmels und brachte sie zu dem Menschen, daß er sähe, wie er sie nennen würde, und damit jedes lebendige Wesen den Namen trage, den der Mensch ihm gäbe. Da gab der Mensch einem jeglichen Vieh und Vogel und allen Tieren des Feldes Namen.« Hier wird, über die Pflanzenwelt hinaus, auch alles, was bewußtes Leben hat, der Herrschaft des Menschen unterstellt.

Eine der wohl beachtenswertesten Beschreibungen dieses Konzeptes der menschlichen Herrschaft befindet sich in Psalm 8,5-8: »Du hast ihn ein wenig niedriger gemacht, als die Engel; aber mit Ehre und Schmuck hast du ihn gekrönt; Du lässest ihn herrschen über die Werke deiner Hände; alles hast du unter seine Füße gelegt; Schafe und Ochsen allzumal, dazu auch die wilden Tiere; die Vögel des Himmels und die Fische im Meer, was die Pfade der Meere durchzieht.« Natürlich hat dieser Abschnitt einen prophetischen Bezug zu Jesus Christus, doch läßt er sich auch auf die ganze Menschheit anwenden. All diese Elemente der Wirklichkeit — Landtiere, Vögel, Fische und Reptilien — sind dem Menschen unterstellt; der Mensch ist für sie verantwortlich und hat auch das Recht, sie in angemessener Weise zu nutzen.

Psalm 115,16 bestätigt dies, fügt aber eine einschränkende Bestimmung hinzu: »Der Himmel gehört dem HERRN, aber die Erde hat er den Menschenkindern gegeben.« Demnach ist nicht die ganze Schöpfung, sondern nur ein gewisser Teil davon ausdrücklich der Herrschaft des Menschen unterstellt.

Übrigens war der Mensch in seinem ursprünglichen Zustand, d. h. vor dem Fall, keineswegs ohne Arbeit: »Und Gott der HERR nahm den Menschen und setzte ihn in den Garten Eden, daß er ihn bauete und bewahrete« (1 Mose 2,15). Wie wir später sehen werden, war die Arbeit, die ihm damals aufgetragen war, nicht mit der Arbeit zu vergleichen, wie wir sie heute kennen, doch war das Leben des Menschen nicht einfach ein Dasein in sorgloser Trägheit. Der Mensch hatte vor dem Fall eine Aufgabe. Er hatte einen Herrschaftsauftrag, und obwohl er seine Aufgabe seit dem Fall sehr ungenügend erfüllt, ist ihm diese Herrschaft nicht entzogen.

Das Bild Gottes und der gefallene Mensch

Es ist wichtig festzuhalten, daß der gefallene Mensch immer noch etwas vom Bilde Gottes in sich trägt. Der Fall trennt den Menschen von Gott, aber er löscht seine ursprüngliche Differenzierung von allen anderen Dingen nicht aus. Der gefallene Mensch ist immer noch ein Mensch. So lesen wir denn auch in 1 Mose 9,6: »Wer Menschenblut vergießt, des Blut soll auch durch Menschen vergossen werden; denn Gott hat den Menschen nach seinem Bild gemacht.« Der Mensch ist ein so besonderes Geschöpf, daß jeder mutwillige, mörderische Griff nach seinem Leben eine exemplarische Strafe nach sich zieht. Manchmal scheint mir, daß die heute oft zu hörende Entrüstung über die Todesstrafe gar nicht so sehr auf humanitäre Erwägungen oder Gerechtigkeitsempfinden zurückzuführen ist, sondern eher auf die Unfähigkeit, zu verstehen, daß der Mensch einzigartig ist. 1 Mose 9,6 ist ganz klar eine soziologische Aussage: Die Strafe für Mord ist deshalb so schwer, weil der im Bilde Gottes geschaffene Mensch einen besonderen Wert hat — nicht nur einen theoretischen Wert vor dem Fall, sondern auch heute noch.

Dazu finden wir eine Parallele in Jakobus 3,9: »Mit ihr (der Zunge) loben wir den Herrn und Vater, und mit ihr verfluchen wir die Menschen, die nach dem Bilde Gottes gemacht sind.« Auch hier ist wieder der Hinweis auf das Bild Gottes.

Demzufolge hat der Christ eine äußerst starke soziologische Basis, während die Humanisten in ihrem heutigen Kampf gegen die Benachteiligung von Menschen nur eine schwache philosophische Grundlage haben. Als Christ weiß ich, warum ich für das Wohl meiner Mitmenschen sorgen soll: Wem ich auch immer begegne, wo es auch immer sein mag, jeder Mensch ist im Bilde Gottes erschaffen, genau so wie ich selbst.

So sagt mir die Bibel, wer ich bin. Sie sagt mir, wie ich mich von allem anderen unterscheide. Daher weiß ich, was mich von der Tierwelt oder den hochgezüchteten Maschinen in dieser zweiten Hälfte des zwanzigsten Jahrhunderts abhebt.

Plötzlich habe ich Wert und verstehe, weshalb ich etwas Besonderes bin. Ich verstehe, weshalb Gott mit mir Gemeinschaft haben und sich mir in logisch verständlicher Weise offenbaren kann. Ferner sehe ich, daß sich alle Menschen gleichermaßen vom Nicht-Menschlichen unterscheiden und ich ihnen daher einen großen Wert beimessen muß. Um auf 1 Mose 9,6 zurückzukommen: Jeder, der einen Menschen ermordet, erschlägt einen meiner Artgenossen, ein äußerst wertvolles Wesen, das im Bilde Gottes gemacht ist. Wie Jakobus sagt ist jeder Mensch — wer er auch immer sei, ob Fremder oder Freund, Christ oder Rebell vor Gott — nach dem Bilde Gottes erschaffen. Der hohe Wert des Menschen beruht nicht auf irgend einem untergeordneten Grund, sondern geht aus seinem Ursprung hervor.

So hat denn der Ablauf der Geschichte einen weitgehenden Einfluß in alle Bereiche unseres Lebens. Ich stehe in diesem Strom der Geschichte, und ich kenne meine Herkunft. Meine Ahnenlinie ist länger als diejenige der Königin von England, sie beginnt nicht mit der Schlacht von Hastings. Wenn ich mich selbst im Ablauf der Raum-Zeit-Wirklichkeit betrachte, sehe ich meinen Ursprung in Adam, in der Erschaffung des Menschen durch Gott, nach seinem eigenen Bilde.

3. Gott und sein Universum

Als Schöpfer bildet und differenziert Gott das Sein und gibt ihm Form — eine Form, die den Schöpfer wirklich widerspiegelt. Und nachdem Gott diesen Prozeß abgeschlossen hat, spricht das Erschaffene von dem Gott, der es gemacht hat.

»Es war alles gut«

1 Mo 1 weist immer wieder auf eine wichtige Tatsache dieser Schöpfung hin. In Vers 4 lesen wir: »Und Gott sah, daß das Licht gut war.« Der Satz *daß es gut war* wird in den Versen 10, 12, 18, 21 und 25 wiederholt. In Vers 31 wird das Urteil Gottes zusammengefaßt: »Und Gott sah an alles, was er gemacht hatte, und siehe, es war sehr gut.« Dies ist nicht ein relatives Urteil, sondern ein Urteil des heiligen Gottes, der ein Wesen besitzt und dessen Wesen das Gesetz des Universums ist. Gott sagt gewissermaßen: Jede Stufe und jeder Bereich dieser Schöpfung, die Schöpfung in ihrer Gesamtheit — der Mensch selbst und seine gesamte Umwelt, Himmel und Erde — alles entspricht mir selbst.

Auf all den verschiedenen Stufen der Schöpfung erfüllt jedes einzelne Ding seinen Zweck. Der mechanische Teil des Universums funktioniert wie eine perfekte Maschine. Die Tiere und die Pflanzen leben als perfekte Tiere und Pflanzen. Der Mensch steht als Wesen im Bild Gottes auf seiner besonderen Stufe der Schöpfung; sein Bezugspunkt ist oben, nicht unten, und Gott kann sagen, daß auch der Mensch in seinem Menschsein an diesem Punkt der Raum-Zeit-Geschichte gut ist: Der Mensch entspricht auf seiner Stufe der Schöpfung mir selbst.

So finden wir einen Lobgesang der ganzen Schöpfung — jedes einzelne Ding preist Gott auf seiner jeweiligen Ebene. Die Maschine preist und verherrlicht Gott als Maschine, der Mensch als Mensch und alles, was zwischen Mensch und Maschine liegt, tut es ebenso. Auch wenn ein großer Teil der Schöpfung gar nicht bewußt handelt, spricht sie doch für ihren wunderbaren Gott und verherrlicht ihn, indem sie den Zweck erfüllt, zu dem sie geschaffen wurde. Es gibt keine Sünde. Jedes einzelne Ding steht in der richtigen Beziehung zu Gott und zeigt etwas von seinem Wesen. Und weil jedes einzelne Ding dem Wesen Gottes (der als der Schöpfer wirklich da ist) entsprechend funktioniert, und zwar auf der ihm zugewiesenen Stufe vollkommen funktioniert, finden alle Dinge auf ihrer jeweiligen Ebene Erfüllung — die Maschine, das Tier und auch der Mensch.

Tillich würde uns sagen, der Mensch sei immer schon ein gefallener Mensch gewesen. In der Genesis aber wird das Menschsein des Menschen nicht aus seinem Gefallensein abgeleitet, sondern aus der Art seiner Erschaffung; das Menschsein besteht in der Gottebenbildlichkeit und in der Gemeinschaft mit dem Gott, der da ist. Der unendliche, dreieine Gott kann sein ganzes Schöpfungswerk überblicken und sagen: »Dies alles ist vollkommen, der Mensch ist gut — nach Körper und Seele, als Mann und Frau. Der ganze Mensch ist gut. Der individuelle Mensch ist in seiner Gesamtheit gut.« Dies widerspricht auch völlig der häufig vertretenen Ansicht, der Sündenfall sei ein sexueller Fall gewesen, und das Essen der Frucht sei ein Hinweis auf den ersten Geschlechtsakt. Gott blickt auf Mann und Frau und sagt: »Dies alles ist gut«, und in 1 Mo 1,28 sagt er ihnen, daß sie Kinder haben sollen.

Wenn wir so am Ende des Schöpfungsberichtes angekommen sind, können wir nur staunen. Die Schöpfung ist abgeschlossen. Das bedeutet aber nicht, daß Gott nun in die Welt, die er gemacht hat, nicht mehr eingreifen könnte. Gott ist nicht der Gefangene seines eigenen Universums. Durch sein göttliches *fiat*, »es werde«, kann Gott das von ihm erschaffene Universum verändern, wie er es durch sein göttliches *fiat* überhaupt erst ins Sein gebracht hat. Gott veränderte zum Beispiel das Universum nach dem Fall des Menschen durch ein Machtwort. Die Tatsache, daß Gott durch ein Machtwort in das von ihm gemachte Universum eingreifen kann, ist für den Menschen des zwanzigsten Jahrhunderts besonders wichtig. Wir müssen sie uns heute wieder neu bewußt machen, wie ich an späterer Stelle noch genauer ausführen werde.

Der Begriff »Tag«

Bevor wir weitergehen, müssen wir einen Punkt besonders betrachten, nämlich den Begriff *Tag* im Zusammenhang der Schöpfung. Was bedeutet *Tag*, wenn von den Schöpfungstagen die Rede ist? Die Antwort muß hier einen gewissen Spielraum offenlassen. In 1 Mo 5,2 lesen wir: »Männlich und weiblich schuf er sie und segnete sie und nannte ihren Namen Adam, am *Tage*, da er sie schuf.« Da nun Adam und Eva offensichtlich nicht gleichzeitig geschaffen wurden, bedeutet »Tag« in

1 Mo 5,2 nicht einen Zeitraum von 24 Stunden. An anderen Stellen des Alten Testamentes bezieht sich das hebräische Wort für *Tag* auf eine Epoche, wie dies auch im Deutschen oft der Fall ist; so etwa in Jesaja 2,11-12 und 17. Ganz offensichtlich wird *Tag* im Hebräischen (wie im Deutschen) in drei verschiedenen Bedeutungen gebraucht: (1) der Zeitraum von 24 Stunden, (2) die Periode des Lichtes innerhalb der 24 Stunden, und (3) ein unbestimmter Zeitraum. Wir müssen daher die genaue Zeitdauer, die *Tag* in der Genesis bezeichnet, offenlassen. Aus dem Hebräischen geht nicht eindeutig hervor, in welchem Sinn es zu verstehen ist, es kann jede der drei genannten Bedeutungen haben. Angesichts des breiten Bedeutungsspektrums dieses Wortes in der Bibel und angesichts der Tatsache, daß in der Naturwissenschaft die Frage der Datierung keinesfalls eindeutig geklärt ist, sind Diskussionen über diesen Punkt in gewissem Sinne müßig, da es keine klar definierten Standpunkte gibt, über die sich diskutieren ließe.

Schöpfung und Gottes Existenz und Wesen

Im Gegensatz zum Denken des Ostens und weiten Teilen des modernen theologischen Denkens, zeigt die Genesis ganz klar, daß die Welt, die wir kennen, nicht eine Ausdehnung des Wesens Gottes ist. Die Tatsache der Schöpfung schließt eine solche Annahme aus. Diese Ablehnung wird konsequent von der jüdisch-christlichen Tradition bezeugt, und sie kann sich dabei auf den ersten Teil der Bibel, ja, auf die gesamte Bibel, stützen. Die Welt ist nicht nur ein Traum Gottes, sondern sie ist wirklich da, von Gott getrennt und mit einer eigenen objektiven Realität ausgestattet. Wohl aber bezeugt sie, was Gott ist. Sie bekundet in vier verschiedenen Bereichen laut und deutlich, was Gott ist.

Erstens spricht die Außenwelt — auch in ihrem Zustand nach dem Sündenfall — von der Existenz selbst. Wie ich schon vorher unter Hinweis auf Jean Paul Sartre aufzeigte, liegt das grundlegende philosophische Problem darin, daß etwas da ist, also nicht nichts da ist. Das Sein existiert. Als erstes bezeugt also die äußere, objektive Welt die Existenz Gottes als ein wahres Sein. Das heißt: das Universum ist da, die Existenz ist da, Gott ist da.

Zweitens weist das Universum Ordnung auf. Es ist nicht ein Chaos. Man kann von den Einzeldingen des Seins ausgehen und schrittweise etwas von seiner Einheit erfassen. Wir können durchaus immer tiefer in das Universum eindringen und gelangen doch nie an ein konturloses Chaos. Dies wird in 1 Mo 1 unterstrichen, wenn wir lesen, daß Gott alle Wesen so schuf, daß ein jedes Frucht trägt nach seiner Art. Hier ist Ordnung. So ist es auch mit dem Gott der Schrift. Er ist weder das philosophische Andere, noch das unpersönliche All, noch ein wahl- und zielloses Chaos. Er ist ein Gott, der (wie ich bewußt und ehr- furchtsvoll sagen möchte) ein *vernünftiger* Gott ist.

Drittens bezeugt das Universum Gottes Wesen. Gott ist nicht nur da als ein Gott der Ordnung und der Vernunft, sondern Gott ist gut. Er hat ein Universum geschaffen, das restlos gut ist, und da es ursprüng- lich durch sein Machtwort zustande kam, weist auch diese Tatsache auf ihn hin.

Viertens bezeugt das Universum Gott als eine Person. Indem Gott den Menschen nach seinem eigenen Bilde schuf, gab er mehr Auf- schluß über sich selbst, als er es an irgend einer anderen Stelle des ge- samten Universums getan hat. Die Engel könnten dies zwar auch be- zeugen, doch stellt die Bibel den Menschen in den Vordergrund, den Menschen, den wir alle kennen. Inmitten von allem, was ist, ist etwas Personales — der Mensch. Und dieses personale Wesen legt Zeugnis ab von der Personalität des großen Schöpfers des Alls. Hätte Gott die Schöpfung beim mechanischen Teil des Universums oder bei Pflanzen oder Tieren abgeschlossen, wäre kein derartiges Zeugnis da. Indem er aber den Menschen nach seinem eigenen Bilde schuf, hat der dreieine Gott, bei dem es schon vor der Erschaffung alles anderen Liebe und Kommunikation gab, etwas geschaffen, worin sich seine Persönlich- keit, Kommunikation und Liebe widerspiegeln. Der Mensch ist offen für Kommunikation von Gott, weil er, zum Unterschied von allem Nicht-Menschlichen, nach dem Bilde Gottes gemacht ist. Der Mensch ist ein sprachbegabtes Wesen, und Gott kann sich ihm durch Sprache mitteilen. Der Mensch denkt in logischen Sätzen, und Gott kann sich dem Menschen in sprachlich gefaßten logischen Sätzen mitteilen.

So lesen wir zum Beispiel in 1 Mo 2,16-17: »Und Gott der HERR gebot dem Menschen und sprach: Du sollst essen von allen Bäumen des Gartens; aber von dem Baum der Erkenntnis des Guten und des Bösen sollst du nicht essen; denn welchen Tages du davon issest, mußt du unbedingt sterben!« Hier wird uns gezeigt, daß vor dem Fall Kom- munikation zwischen Gott und dem Menschen bestand. Zwischen Gott und dem Menschen herrschte Gemeinschaft, eine Liebesbeziehung. Bemerkenswert ist, daß es sich bei dieser Kommunikation keineswegs um eine inhaltslose erstrangige Erfahrung im Sinne des Existentialismus handelte, sondern um wirkliche, logisch verständliche Kommunikation.

Unmittelbar nach dem Beschluß Adams und Evas, von der Frucht zu essen, findet sich ein weiterer Hinweis auf die logische Kommunikation Gottes: »Und sie hörten die Stimme Gottes, des HERRN, der im Garten wandelte beim Wehen des Abendwindes; und der Mensch und sein Weib versteckten sich vor dem Angesicht des HERRN hinter die Bäume des Gartens. Da rief Gott der HERR den Menschen und sprach: Wo bist du?« (1 Mo 3,8-9). Und nachdem Adam und Eva Gottes Fragen beantwortet hatten, wandte sich Gott an sie, in einer Reihe von inhaltlich eindeutigen Sätzen mit größter Tragweite. So stand der Mensch vor und nach dem Sündenfall mit Gott in Kommunikation.

Ebenso läßt sich nicht leugnen, daß die Menschen untereinander Kommunikation haben. Jede Kommunikation eines Menschen mit einem anderen bezeugt aber etwas vom Wesen Gottes, ob dies dem Betreffenden nun bewußt ist oder nicht. Und wenn es sich um den größten Lästerer handelt oder um einen Atheisten, der die Existenz Gottes leugnet — indem sie sprachlich aussagen (= kommunizieren): »Es gibt keinen Gott«, bezeugen sie die Personalität Gottes. Gott hat sich selbst ein Zeugnis gesetzt, das nicht aus dem Wege zu schaffen ist.

Das Universum spricht also von der Existenz des Seins. Es weist auf Ordnung und Vernunft hin. Es bezeugt den guten und »vernünftigen« Gott und zeigt uns, daß Gott ein persönlicher Gott ist.

Der Mensch soll als begrenztes persönliches Wesen in einer persönlichen Beziehung zu dem unendlichen, persönlichen Gott stehen, der wirklich da ist. Wenn wir das erste Gebot Christi hören, daß wir Gott mit ganzem Herzen, ganzer Seele und ganzem Gemüt lieben sollen, ist das nicht eine bloß abstrakte Pflicht — eine Frömmigkeitsübung ohne Bezug zur Vernunft. Nein, wir haben einen unendlichen Bezugspunkt, der all unseren endlichen Bezugspunkten Sinn und Bedeutung vermittelt. Dieser unendliche Bezugspunkt existiert nicht nur, er ist auch personal und steht mit uns in Kommunikation wie wir mit ihm; er ist ein unendlicher Bezugs-»Punkt«, den wir lieben können.

Dies ist der Sinn menschlichen Lebens: Wir können Gott auf einer persönlichen Ebene lieben und sind nicht einfach wie Maschinen von ihm abhängig. Andere Dinge im Universum funktionieren auf einer mechanischen Ebene: Das Wasserstoffatom gleicht einer Maschine; das Sternensystem gleicht einer Maschine. Sie befinden sich in einer mechanischen Abhängigkeit von Gott. Wenn wir hingegen an einem Gottesdienst teilnehmen und das Lob Gottes mechanisch herunterleiern, machen wir einen Fehler: Wir loben Gott nicht auf der uns gemäßen Ebene.

Natürlich soll der Mensch nicht nur Gott, sondern auch den Mitmenschen lieben. Und in diesem großen Zusammenhang gesehen gewinnt die Liebe zwischen Menschen plötzlich einen Sinn. Selbst der Ungläubige oder der Lästerer bezeugt nämlich, wenn er sich verliebt, bewußt oder unbewußt etwas von dem, was Gott ist. So wie das Sein an sich die Existenz Gottes bekundet, so wie das ursprünglich gute Universum die moralische Güte Gottes darstellt, so zeugt die Kommunikation von Mensch zu Mensch und die Liebe zwischen den Menschen (sowohl in der sexuellen Mann-Frau-Beziehung als auch in jeder Form einer Freundschaft) von dem, was ist.

Gott kann sagen: »Wollt ihr etwas von meinem Wesen kennenlernen? Schaut die Schöpfung an, wie ich sie gemacht habe!« Das Universum ist nicht eine Ausdehnung von Gottes Wesen, in all seinen Teilen aber spricht es von ihm.

Die Mann-Frau-Beziehung ist nicht länger ein schlechter Witz oder ein Fluch, als die sie der moderne Mensch so oft empfindet. Wir wissen, daß Gott den Menschen nicht als ein auf längere Zeit einsames Individuum geschaffen hat, das einzig Gott lieben kann. Obwohl Gott den Menschen schuf, damit er ihn lieben solle, gab er dem Menschen bald einen Partner — ihm gleich, und doch von ihm verschieden —, wodurch sogleich Liebe und Kommunikation auf der menschlichen Ebene möglich wurde.

Jede wirklich liebevolle Beziehung zwischen Mann und Frau und jedes echte Freundschaftsverhältnis hat in sich einen großen Wert, aber wir sehen darin noch weit mehr als nur Liebe des Menschen zum Menschen. Jede dieser Beziehungen ist gleichzeitig ein Zeugnis von Gottes Wesen.

Dieses Zeugnis besteht auch nach dem Fall, wie Römer 1,19-20 zeigt: »Weil das von Gott Erkennbare unter ihnen offenbar ist, da Gott es ihnen geoffenbart hat; denn sein unsichtbares Wesen, das ist seine ewige Kraft und Gottheit, wird seit Erschaffung der Welt an den Werken durch Nachdenken wahrgenommen.« Ausdrücklich wird hier gesagt, daß »seit Erschaffung der Welt« (seit dem Zeitpunkt der Schöpfung) die Werke Gottes Zeugnis geben von seinem Wesen, seiner Güte und seiner Persönlichkeit.

Die Schöpfung im Frieden mit sich selbst

Als Gott die Schöpfung vollendete, war diese im Frieden mit sich selbst. 1 Mo 1,29-30 legt den Gedanken nahe, daß sowohl Mensch und Tier sich ausschließlich von Pflanzen ernährten. Dies ist zwar nicht ausdrücklich gesagt, aber doch vielleicht abzuleiten. Eine Wende im Verhältnis des Menschen zum Rest der Schöpfung ist in den Worten angedeutet, die Gott zu Noah sprach, als er einen neuen Bund schloß und den Ablauf der Geschichte veränderte: »Alles, was sich regt und lebt, soll euch zur Nahrung dienen, wie das grüne Kraut habe ich es euch alles gegeben« (1 Mo 9,3). Gott sagt gewissermaßen: »Zuvor habe ich euch alle grünen Pflanzen zur Nahrung gegeben, jetzt aber könnt ihr auch alle anderen Lebewesen nehmen und essen.« Gott sagt ausdrücklich: »Furcht und Schrecken vor euch soll kommen über alle Tiere der Erde und über alle Vögel des Himmels, über alles, was auf Erden kriecht, und über alle Fische im Meer; in eure Hände seien sie gegeben« (1 Mo 9,2). Die ganze Tragweite ist hier nicht ersichtlich, aber die Aussagen der Bibel über die zukünftige Wiederherstellung der Schöpfung lassen darauf schließen, daß die Schöpfung ursprünglich einen inneren Frieden besaß. Das heißt nicht unbedingt, daß Bäume oder auch Fische und Landtiere vor dem Sündenfall nicht den Alterstod gestorben wären, es bedeutet aber, daß es keine Furcht vor dem Nicht-Sein (wie sie den Menschen kennzeichnet) und keine Furcht vor der Gewalt gab.

Um der Vollständigkeit willen müssen wir bedenken, daß die Auflehnung Satans möglicherweise Furcht und Gewalt schon vor der Revolte des Menschen in die Welt gebracht hat. Es gibt dazu keine explizite Aussage der Bibel, doch läßt sich die Möglichkeit auch nicht ausschließen. C. S. Lewis vertrat die eben erwähnte Ansicht. Johannes 12,31; 14,30 und 16,11 bezeichnen Satan als den Fürsten dieser Welt. Vielleicht war er der Fürst der Welt schon vor der Revolte des Menschen, oder gar vor dessen Erschaffung, und nicht erst seit dem Sündenfall. In Jesaja 14,12-17 (wo meiner Ansicht nach vom Fall Satans die Rede ist) würden die Verse 16 und 17 in dieses Konzept passen. In anderen Worten: Satan hätte demnach in seiner ersten Revolte Furcht und Schrecken in die nicht-menschliche Welt gebracht und so die Anomalität bewirkt. Zwei Tatsachen stehen fest: (1) Ein solches Ereignis hätte nach der ursprünglichen Schöpfung aus dem Nichts stattgefunden und (2) die Revolte Satans ist vor der Revolte des Menschen erfolgt.

Die Geschichte hat ein Ziel

Geschichte ist nicht statisch, wie uns einige Existentialisten oder Denker des Ostens einreden wollen. Die Geschichte strebt wirklich einem Ziel entgegen. Wie es einen Anfang gibt (die Schöpfung *ex nihilo,* aus dem Nichts), so entwickelt sich die Geschichte fort und strebt einer Zukunft zu. Die Heilige Schrift weist darauf hin, daß eine Zeit kommen wird, in der die Schöpfung ihren inneren Frieden wiederfindet. Dazu sagt Römer 8,21-23: ». . . daß auch sie selbst, die Kreatur, befreit werden soll von der Knechtschaft der Sterblichkeit zur Freiheit der Herrlichkeit der Kinder Gottes. Denn wir wissen, daß die ganze Schöpfung mitseufzt und mit in Wehen liegt bis jetzt; und nicht nur sie, sondern auch wir selbst, die wir die Erstlingsgabe des Geistes haben, auch wir erwarten seufzend die Sohnesstellung, die Erlösung unseres Leibes.« Zuvor deutet anderseits Vers 20 an, daß die Schöpfung nicht immer im jetzigen Zustand war. Und es wird ein Tag kommen, an dem die Schöpfung wiederhergestellt wird. Zu derselben Zeit werden die Christen leiblich auferstehen.

Der Satz in Vers 23, nach dem wir seufzend die Sohnesstellung erwarten, ist interessant. In gewissem Sinn ist der Christ schon an Sohnesstatt angenommen (wie im ersten Teil von Römer 8 dargelegt), denn der Gläubige, der Christus als Retter angenommen hat, ist von der Schuld befreit, gerechtfertigt und Gottes Kind geworden. Trotzdem warten wir auf eine Sohnschaft, die erst beim zweiten Kommen Christi und der Auferstehung unseres Leibes erfolgen wird. Diese volle Sohnesstellung, die die Verwandlung unserer leiblichen Existenz mit einschließt, wird in Vers 23 mit der Erlösung der ganzen Schöpfung verknüpft. Dabei sollten wir auch beachten, daß jeder und alles betroffen ist: »Die ganze Schöpfung seufzt *mit* und liegt *mit* in Wehen bis jetzt.« Wir sind alle miteingeschlossen. Die Dinge sind nicht so, wie sie zuvor waren, doch werden sie es wieder sein, wenn Christus wiederkommt und unsere Leiber auferweckt werden.

Eine Beschreibung dieser Zeit finden wir meiner Meinung nach in Jesaja 11,6-8: »Da wird der Wolf bei dem Lämmlein wohnen, der Leopard bei dem Böcklein niederliegen. Das Kalb, der junge Löwe und das Mastvieh werden beieinander sein, also daß ein kleiner Knabe sie treiben wird. Die Kuh und die Bärin werden miteinander weiden und ihre Jungen zusammen lagern. Der Löwe wird Stroh fressen wie das Rindvieh. Der Säugling wird spielen am Loch der Otter und der Entwöhnte seine Hand nach der Höhle des Basiliken ausstrecken.« Dieser Abschnitt spricht nicht von einem psychologischen Wandel im Naturverständnis des Menschen, sondern von einer objektiven Veränderung der Außenwelt.

Nun gibt es unter den Christen verschiedene Auffassungen über die Zeit, auf die sich diese Voraussage bezieht. Es gibt zwei Möglichkeiten. Einmal ein tausendjähriges Reich, in dem Christus vor dem Anbruch der Ewigkeit tausend Jahre lang auf der Erde herrscht. Das ist meine eigene Ansicht. Andere Christen kommen zu dem Schluß, der Abschnitt beziehe sich auf die Ewigkeit. Aber ob dieser Text nun die Ewigkeit oder das tausendjährige Reich Christi betrifft, berührt unser Anliegen hier nicht: Die Schöpfung, welche Gott gemacht hat, war von innerem Frieden erfüllt und wird eines Tages diesen Zustand des Friedens mit sich selber neu erhalten. Mit anderen Worten: Es wird eine Zeit kommen, in der die Schöpfung erneut nicht nur von der Existenz Gottes und seiner Personalität spricht, sondern auch — wie die ursprüngliche Schöpfung — von der Güte Gottes.

Somit finden wir im jüdisch-christlichen Denken, im Gegensatz zum modernen Denken, einen linearen Verlauf der Geschichte — einen absoluten Anfang und ein Ende des gegenwärtigen Zeitalters der Geschichte.

Wie die Welt beim Sündenfall des Menschen »der Vergänglichkeit unterworfen« wurde, so wird in der Zukunft, wenn der Mensch aufgrund des Werkes Jesu Christi, des Lammes Gottes, wiederhergestellt wird, auch die Schöpfung erneuert — auf demselben Grund. Jede Wiederherstellung beruht auf dem vollbrachten Werk Christi. Dieses umfaßt (1) die Erneuerung, die es dem Sünder ermöglicht, zu Gott zurückzukehren, ihm die Rechtfertigung schenkt, ihn zu Gottes Kind macht, ihm für sein jetziges Leben einen Sinn vermittelt und die Kommunikation mit Gott ermöglicht, (2) die zukünftige Wiederherstellung, wenn bei der Wiederkunft Christi der Leib des Christen verwandelt wird und (3) die Wiederherstellung aller Dinge in den Zustand der ursprünglichen Schöpfung.

Daher lesen wir in Off 4,11: »Würdig bist du, unser Herr und Gott, zu empfangen den Ruhm und die Ehre und die Macht; denn du hast alle Dinge geschaffen, und durch deinen Willen sind sie und wurden sie geschaffen!« Wir preisen also Gott, wie wir schon zeigten, in erster Linie, weil er der Schöpfer aller Dinge ist. Offensichtlich ist aber die Welt, wie wir sie heute sehen, nicht in Ordnung. Wir mögen die Menschen auf der Straße ansehen, die gequälten Werke der modernen Künstler oder die Welt um uns her: irgend etwas stimmt nicht. Kein Zweifel, der Mensch ist abnorm; aber auch unsere Umwelt ist in Unordnung, ihr inneres Gleichgewicht ist gestört. Die Schöpfung weist zwar noch auf die Existenz und das Personsein Gottes hin — das gilt für die Form der Außenwelt wie für das Menschsein des Menschen; wenn wir aber um uns blicken und die Sünde des Menschen und die in sich selbst zerstrittene Schöpfung sehen, stehen wir vor einem Problem. So wie die Welt heute ist, gibt sie kein klares Zeugnis von der Güte Gottes. Das fünfte Kapitel der Offenbarung zeigt (in Übereinstimmung mit der Aussage von Offenbarung 4,11 zur ursprünglichen Schöpfung), wie dieses Problem gelöst wird. In der Erlösung haben wir den Schlüssel. Das Lamm Gottes vollbringt genau das, was nichts im Himmel, auf der Erde oder unter der Erde — also nichts, was zur Schöpfung selbst gehört —, vollbringen kann: die notwendige Verwandlung. Die Lösung besteht im Erlösungswerk Christi, des Lammes Gottes, in der Geschichte, in Raum und Zeit.

Deshalb berichtet Offenbarung 5,9-11, daß der Mensch dem Lamm Gottes ein Loblied singt, weil er erlöst wurde: »Würdig bist du, das Buch zu nehmen und seine Siegel zu brechen; denn du bist geschlachtet worden und hast für Gott mit deinem Blut (Menschen) erkauft aus allen Stämmen und Zungen und Völkern und Nationen.« Dasselbe Motiv kehrt in den Versen 12-14 wieder: »Würdig ist das Lamm, das geschlachtet ist [die Zeitform drückt ein abgeschlossenes geschichtliches Ereignis aus!] zu empfangen die Macht und Reichtum und Weisheit und Stärke und Ehre und Ruhm und Lobpreisung!« Darauf folgt ein Abschnitt, der sich bestimmt auf dasselbe zukünftige Geschehen bezieht wie die bereits besprochene Stelle in Römer 8: »Und alle Geschöpfe, die im Himmel und auf Erden und unter der Erde und auf dem Meere sind, und alles, was darin ist, hörte ich sagen: Dem, der auf dem Throne sitzt, und dem Lamm gebührt das Lob und die Ehre und der Ruhm und die Gewalt von Ewigkeit zu Ewigkeit! Und die vierundzwanzig Ältesten fielen nieder und beteten an ...« (Off 5, 13-14). Sie beten an. Sie loben. In jener Zukunft wird nämlich alles zur Ruhe gekommen sein, alles wird den ihm gemäßen Platz eingenommen haben — aufgrund des Erlösungswerkes Christi durch seinen Tod am Kreuz.

Andere Stellen der Heiligen Schrift stützen indirekt (wenn auch nicht ausdrücklich) diese Aussagen über die Erlösung der gesamten Schöpfung. So rettete die Arche nicht nur Noah, sondern auch die Tiere. Der Bund mit Noah in 1 Mo 9,12-13 und 16 umschließt nicht nur die Menschen, sondern auch alle lebendige Kreatur und »die Erde«. Das Blut des Passahlammes in Israel beschützte nicht nur die Erstgeborenen der Juden, sondern auch die Erstlinge ihres Viehs.

So wird ein gewaltiges Loblied erschallen, das die Erlösung preist — eine Erlösung, die nicht nur den Mesnchen, sondern die ganze Schöpfung miteinbezieht. Es wird eine Zeit geben, in der die Schöpfung wieder die großen Wahrheiten bezeugen wird, von denen sie ursprünglich Zeugnis ablegte. Ihre Existenz zeigt die Existenz des Gottes, der da ist. Das Menschsein des Menschen bezeugt, daß Gott Person ist. Und die ganze Schöpfung wird sagen: »Gott ist gut.«

4. Der Punkt der Entscheidung

Kehren wir noch einmal zum Anfang zurück. Die Schöpfung ist vollendet. Jedes erschaffene Ding erfüllt seine Aufgabe in seinem eigenen Schöpfungsbereich, an dem ihm zugewiesenen Platz, und alle Dinge ruhen im Gleichgewicht. Der nach Gottes Bild erschaffene Mensch steht an einem ganz besonderen Platz, denn er unterscheidet sich vom mechanischen Teil des Universums, den Pflanzen und den Tieren.

Liebe zu Gott

Jesus hat einmal diese besondere Stellung des Menschen in den verschiedenen Bereichen der Schöpfung genau umschrieben. Einer von den Pharisäern hatte ihn gefragt: »Meister, welches ist das größte Gebot im Gesetz?« Worauf Jesus antwortete: »Du sollst den Herrn, deinen Gott, lieben mit deinem ganzen Herzen und mit deiner ganzen Seele und mit deinem ganzen Verstand. Das ist das erste und größte Gebot« (Matth 22,36-38). Etwa fünfzehnhundert Jahre zuvor finden wir dasselbe Konzept in 5 Mo 6,4-6: »Höre Israel, der HERR ist unser Gott, der HERR allein. Und du sollst den HERRN, deinen Gott, lieben mit deinem ganzen Herzen, mit deiner ganzen Seele und mit aller deiner Kraft. Und diese Worte, die ich dir heute gebiete, sollst du auf deinem Herzen tragen.« Somit ist schon zur Zeit Moses das zentrale Anliegen nicht ein nur äußerliches Halten der Gebote, sondern etwas viel Tieferes: Der Mensch soll Gott in seinem Herzen *lieben*.

Ebenso wichtig ist es aber — wie Matthäus und Mose gleichermaßen unterstreichen —, daß der Mensch sich bewußt macht, *wen* er lieben soll. Einen Höherstehenden zu lieben ist anders, als einen Gleichstehenden zu lieben. Das sehen wir zum Beispiel in der Liebe des Kindes zu den Eltern. Wenn ein Kind immer wieder sagt: »Ich liebe euch«, und doch zugleich ständig ungehorsam ist, können die Eltern zu Recht sagen: »Dein Tun läßt keine Liebe erkennen.« Sie können diesen Vorwurf erheben, weil die Beziehung von Eltern zu ihren Kindern zwei Rangstufen umschließt. Die Partner dieser Beziehung stehen nicht in jeder Hinsicht auf derselben Ebene. Elternschaft schließt Autorität mit ein. Wenn Israel seinem liebenden Schöpfer gegenübertritt, soll es nicht einfach aus bloßer Emotion heraus »ich liebe dich« sagen. Angemessen ist hier nur eine Liebe, die auch im Gehorsam verwurzelt ist, denn nur so wird sie der besonderen Beziehung zwischen den beiden Partnern gerecht. Zur Liebe des Geschöpfs zum Schöpfer gehört Gehorsam, andernfalls ist sie bedeutungslos. Genau das sagt Jesus auch im Matthäus-Evangelium.

Nur wenn wir diesen Grundsatz berücksichtigen, können wir das Verhältnis von Adam und Eva zu Gott in den ersten Kapiteln der Genesis richtig verstehen. 1 Mo 2,16-17 sagt: »Und Gott der HERR gebot dem Menschen und sprach: Du sollst essen von allen Bäumen des Gartens; aber von dem Baum der Erkenntnis des Guten und Bösen sollst du nicht essen; denn welchen Tages du davon issest, mußt du unbedingt sterben.« Im Grunde unterscheidet sich dieses Gebot nicht von dem in 5 Mo 6,4-6 und Matth 22,36-38: Das oberste Gesetz für den Menschen besteht darin, Gott von ganzem Herzen, mit ganzer Seele und mit ganzem Verstand zu lieben. Steht man nun als Geschöpf vor dem Schöpfer, schließt Liebe immer auch den Gehorsam mit ein.

Wir müssen aber noch einen Schritt weitergehen, denn die angeführten Stellen lassen erkennen, daß der Mensch nur dann seinem Schöpfungszweck entspricht — nur dann wirklich Mensch sein kann —, wenn er diesem Gebot gehorcht.

Heute fragt man ständig: »Hat der Mensch einen Daseinszweck?« In gewissen Teilen der Welt wird der Sinn des Menschen von Staat und Gesellschaft abgeleitet. Andernorts behauptet man, nur die Sexualität könne dem menschlichen Leben Sinn geben. In manchen Teilen der Welt sieht man Sinngebung in materiellem Wohlstand. All dies aber zerrinnt dem Menschen wie Sand unter den Händen. Die Bibel gibt uns eine ganz andere Antwort: Der Daseinszweck des Menschen — der Sinn menschlichen Lebens — liegt darin, als Geschöpf in Liebe vor dem Schöpfer zu stehen.

Nun ist der Mensch, der vor Gott steht, ein Abbild Gottes, ein wirklich personales Wesen, und deshalb ist die Liebe, die er erzeigen soll, keine mechanische Reaktion. Die Maschine mag Gott mechanisch gehorchen; dann erfüllt sie genau das, was Gott von ihr erwartet. Das gewaltige System des Universums funktioniert in weiten Teilen wie eine große Maschine und erfüllt auf diese Weise seinen Zweck. Mehr erwartet Gott gar nicht von ihm. Der Mensch aber ist ein ganz anderes Wesen und steht auf einer völlig anderen Schöpfungsebene. Er soll Gott lieben, aber nicht mechanisch, sondern aufgrund seiner freien Entscheidung. Hier steht ein unprogrammiertes Teil der Schöpfung — weder chemisch noch psychologisch programmiert — wahrer Mensch in einer wirklichen Geschichte, ein Wunder inmitten einer Welt von Naturkausalität. Im Verlauf der Geschichte wird der Mensch zu der Begegnung geführt, für die er erschaffen wurde — der liebenden Begegnung mit dem Gott, der da ist.

Ein Baum

Liebe und Gehorsam stehen in 1 Mo 3 im Zusammenhang mit einem Gebot über einen Baum — dem Baum der Erkenntnis von Gut und Böse. Es ist wichtig, vorweg festzuhalten, daß die Prüfung Adams nicht etwa in der Wahl zwischen einem von Gott geschaffenen schlechten Baum und einem von Gott geschaffenen guten Baum bestand. Gott hat nichts Schlechtes erschaffen. Hätte er das getan, oder hätte Gott den Menschen so programmiert, daß er ihm ungehorsam sein mußte, dann hätten wir hier ein Konzept, das der hinduistischen Vorstellung entspricht, nach der im Grunde beides, Gut und Böse, Grausamkeit und Friedfertigkeit, von Gott herkommen und eigentlich gleichwertig sind.

Doch Gott hat keinen schlechten Baum gemacht, sondern einfach einen Baum. Dieser Baum unterscheidet sich wesensmäßig nicht im geringsten von den anderen Bäumen. Gott hat den Menschen einfach vor eine Wahl gestellt. Er hätte ihm auch sagen können: »Überquere nicht diesen Strom; steig nicht auf diesen Berg.« Er sagt gewissermaßen: »Schenk mir Glauben, und nimm deinen Platz als Geschöpf ein, als einer, der nicht autonom ist. Glaube mir und liebe mich als Geschöpf, das seinen Schöpfer anerkennt, und alles wird gut sein. Das ist die Stellung, für die ich dich geschaffen habe.«

Gewiß, indem Gott den Menschen auf diese Weise schuf, schuf er auch die Möglichkeit zum Bösen. Doch die bloße Möglichkeit des Bösen ist vom Vollzug des Bösen zu unterscheiden. Und nur indem Gott dem Menschen die Freiheit ließ, sich auch für das Böse zu entscheiden, gab er ihm eine wirkliche Entscheidungsmöglichkeit, machte ihn damit wirklich zum Menschen, zu einem Wesen nämlich, das die Geschichte beeinflussen kann. Hätte Gott dem Menschen die freie Wahl vorenthalten, wäre alles Reden vom Menschen als Menschen, d. h. vom Menschen als signifikatem Wesen, nichts als sinnloses Geschwätz.

Alle Liebe — des Mannes zur Frau, der Frau zum Mann, des Freundes zum Freund — beruht auf Freiheit. Ohne Entscheidungsfreiheit hat das Wort »Liebe« keinen Sinn. So hat ja auch — nebenbei bemerkt — der moderne Mensch die Bedeutung des Wortes »Liebe« immer mehr abwerten müssen, nachdem er das Konzept der freien Entscheidung zugunsten des Determinismus aufgab.

Gott hat dem Menschen wirklich die Möglichkeit der freien Entscheidung gegeben, damit aber auch die Möglichkeit, sich falsch zu entscheiden. Aber Gott hat nicht das Böse gemacht, nicht einen schlechten Baum und einen guten Baum. Es geht hier nur um eine Entscheidung. Als Gott die Schöpfung abgeschlossen hatte, gab es nichts, was seinem Charakter widersprochen hätte.

Wir wollen nun diesen einen Baum etwas näher betrachten. Es ist nicht einfach der Baum der *Erkenntnis,* sondern der Baum einer besonderen Art von Erkenntnis — der Erkenntnis von Gut und Böse. Erkenntnis an sich ist nicht böse. Ein derartiges Konzept würde der Verleihung der Herrschaft an den Menschen widersprechen und wäre nicht mit 1 Mo 2,19-20 zu vereinbaren, wo der Mensch als Mensch die Kenntnis besitzt, jeder Kreatur ihren eigenen Namen zu geben.

Adam und Eva kannten das Gute bereits; alles um sie herum war gut, und ihr Verhältnis zu Gott und zueinander war gut. Und durch Gott selbst hatten sie auch Kenntnis bekommen von der Möglichkeit des Bösen und seiner Folgen: »Aber von dem Baum der Erkenntnis des Guten und des Bösen sollst du nicht essen; denn welchen Tages du davon issest, mußt du unbedingt sterben« (1 Mo 2,17). Es ging somit um die Erfahrung des Bösen im Gegensatz zu Gottes Aussage über das Böse. Die Menschen sind natürlich begrenzt, im Unterschied zu Gott, der unendlich ist. Gott kann alle möglichen Möglichkeiten kennen — sowohl die Möglichkeiten, die nicht eintreffen werden, als auch die Möglichkeiten, die tatsächlich eintreffen. Das macht die Bibel ganz klar: der unendliche Gott kennt alle Möglichkeiten, auch wenn sich diese nie aktualisieren sollten. In 1 Samuel 23,9-28 wird uns berichtet, daß Gott wußte (und David wissen ließ), was unter gewissen Umständen geschehen würde, obwohl sich die Situation dann änderte, die genannten Umstände nicht eintraten und die möglichen Folgen deshalb nicht Wirklichkeit wurden.

Adam und Eva hatten als begrenzte Wesen von Gott wahre Kenntnis erhalten über die Folgen des Essens und der Auflehnung. Doch erst als sie den Schritt des Ungehorsams taten, erfuhren sie das Böse und den daraus hervorgehenden Strom von Leid und Grausamkeit existentiell. Nicht Erkenntnis als solche war falsch, sondern *die Ent-*

scheidung, die sie gegen Gottes liebevolle Warnung und sein Gebot trafen.

Ebenso ist zu beachten, daß Gottes Gebot nicht ein unmotiviertes, unverständliches und unerklärtes Gebot war. Adam und Eva waren vor den Folgen gewarnt, wußten, daß sie ihre eigene Zukunft aufs Spiel setzten. Dieses Gebot war ein rationales, verständliches Gebot und eine liebevolle Warnung.

Wenden wir uns noch einmal 1 Mo 2,17 zu: »Aber von dem Baum der Erkenntnis des Guten und des Bösen sollst du nicht essen; denn welchen Tages du davon issest, mußt du unbedingt sterben!« Die reformatorische Theologie sieht in diesem Gebot einen »Bund der Werke«. Dazu gehören zunächst einmal zwei Vertragspartner. In einer Hinsicht sind sie gleichwertig (beide sind Persönlichkeiten, der eine entspricht dem Bild des anderen), in anderer Hinsicht sind sie es nicht (einer ist unendlich und der andere begrenzt; der eine ist Schöpfer, der andere der Erschaffene). Zweitens ist der Bund an eine Bedingung geknüpft — eine Bedingung der Liebe, zu der auch Gehorsam gehört, weil hier ein Geschöpf vor dem Schöpfer steht. Drittens verspricht der Vertrag etwas — Leben. Gewiß ist das, was hier versprochen wird, nicht einfach kontinuierliches physisches Leben, sondern die Fülle dessen, was wir später als das eigentliche Leben in Jesus Christus kennenlernen. Natürlich braucht der Mensch zu diesem Zeitpunkt keinen Erlöser, denn er hat nicht gesündigt. Deshalb ist hier kein Raum für Soteriologie (Heilslehre), kein Raum für das Lamm Gottes — noch nicht. Soteriologie bezieht sich auf den gefallenen Menschen. Die Verheißung des Lebens bedeutet »Fülle des Lebens«, genauso wie die Strafe »Fülle des Todes« ist.

Wir wissen, daß Adam an dem Vierundzwanzig-Stunden-Tag, an dem er sündigte, nicht physisch gestorben ist. Er starb in einer Weise, die das Neue Testament als »schon tot« bezeichnet. Ehe ein Mensch heute Christus als Erlöser annimmt, ist er nicht einfach einem kommenden Tod verfallen, sondern er ist schon tot. Er ist von Gott getrennt, hat keinen Daseinszweck und keinen letzten Lebenssinn.

In diesem Sinne starb Adam an dem Tag, an dem er aß. Dieser Tod vollzieht sich in drei Stufen. Zuerst erfolgt die Trennung von Gott, dem unendlichen, persönlichen Bezugspunkt, und damit wird das gegenwärtige Leben sinnlos. Obwohl der Mensch weiterhin atmet, ja sogar mit seiner Frau Kinder zeugen kann, ist er tot. In dieser Hinsicht haben wir als Christen die Zustimmung derer, die am entgegengesetzten Ende des Spektrums sind — der Existentialisten und anderer moderner Menschen —, denn sie sagen mit uns: »Jawohl. Der Mensch ist tot.« Wenn wir heute vom gegenwärtigen Tod des Menschen sprechen, werden wir viel besser verstanden als unsere Väter vor fünfzig oder hundert Jahren.

Als zweites erfolgt der physische Tod. Adam lebte zwar länger als wir, und dennoch: Ein paar kurze Jahre, und Adams Leib wird im Grab verwesen.

Drittens gehört zur Strafe der ewige Tod. Die Menschen, die von Gott getrennt sind, werden am Ende »Strafe erleiden, ewiges Verderben von dem Angesicht des Herrn und von der Herrlichkeit seiner Kraft« (2 Thess 1,9). Das Essen vom Baum der Erkenntnis hat nicht nur die gegenwärtige Situation dieser Welt heraufbeschworen, wie schrecklich und abnorm sie auch sein mag, nicht nur den physischen Tod, nicht nur innere Leere und Sinnlosigkeit. Nein, es gibt noch eine horizontale Ausdehnung, den ewigen Tod, ewige Trennung von dem Gott, der wirklich da ist — von seiner Herrlichkeit und seiner Gnade.

Beachten wir bei all dem genau, wie liebevoll und umfassend Gott für den Menschen gesorgt hatte! Der Mensch war nach dem Bilde Gottes gemacht. Gott hatte ihn auf die Möglichkeit des Bösen aufmerksam gemacht, der Mensch aber war gut, weil er das Böse noch nicht gewählt hatte. Er war ständig in Gemeinschaft mit Gott: »Und sie hörten die Stimme Gottes, der im Garten wandelte« (1 Mo 3,8). Er war umgeben von einer vollkommenen Umwelt, denn Gott hatte für den Menschen einen besonderen Platz inmitten seiner Schöpfung ausgewählt: »Und Gott der HERR pflanzte einen Garten in Eden gegen Morgen und setzte den Menschen darein, den er gemacht hatte« (1 Mo 2,8). Adam wußte um seinen Platz in der Geschichte, und er wußte auch, wer Eva war: »Und Adam nannte sein Weib Eva; denn sie war die Mutter aller Lebendigen« (1 Mo 3,20). Das Wort »Eva« bedeutet eigentlich »lebendig«. Durch die Wahl dieses Namens zeigte Adam, daß er wußte, wer er war. Darüber hinaus hatte der Mensch wirkliche Entscheidungsfreiheit und die Kraft zu gehorchen oder zu übertreten. Er war in keiner Weise (weder materiell noch psychologisch) deterministisch festgelegt. Er war nicht programmiert. Schließlich war die Prüfung einfach, und der Mensch hatte genau gesagt bekommen, welche Entscheidung welche Folgen haben würde.

Die Schlange tritt auf

Wenden wir uns nun einer neuen Phase im Ablauf der biblischen Geschichte zu: »Aber die Schlange war listiger als alle Tiere des Feldes, die Gott der HERR gemacht hatte« (1 Mo 3,1).

Hier entstehen sogleich Fragen. Wir möchten mehr wissen, als uns gesagt wird. Deshalb müssen wir uns unbedingt erneut klarmachen, was für ein Buch die Bibel eigentlich ist. Wie ich schon sagte, ist die Bibel ein Buch für den gefallenen Menschen. Was sie auch immer aussagt, ist wahre Wahrheit, aber nicht erschöpfende Wahrheit. Wenn sie also vom Kosmos spricht, von dem Bereich, der Gegenstand naturwissenschaftlicher Forschung ist, macht sie wahre Aussagen. Auch wenn sie die Geschichte berührt, sind ihre Angaben wahre Wahrheit, d. h. in den Bereich der Vernunft gehörende, objektive Wahrheit.

Wenn die Bibel die übernatürliche Welt beschreibt, vom Himmel und überirdischen Dingen spricht, so sind diese Aussagen Ergänzungen zum eigentlichen Gegenstand des Buches — der logisch einsichtigen sprachlichen Kommunikation Gottes an den gefallenen Menschen. Solche Ergänzungen werden beigefügt, soweit wir sie benötigen, um die Hauptsache, die zentrale Botschaft der Bibel — zu verstehen. Dabei beantwortet die Bibel aber nicht alle Fragen, die wir in diesen Zusammenhängen stellen mögen. Wenn alles, was wir gerne wissen möchten, bis ins einzelne behandelt würde, so könnte die größte Bibliothek der Welt das Buch nicht fassen, und niemand wäre imstande, es durchzulesen. Johannes scheint im letzten Vers seines Evangeliums einen ähnlichen Gedanken auszusprechen: »Es sind aber noch viele andere Dinge, die Jesus getan hat; und wenn sie eins nach dem andern beschrieben würden, so glaube ich, die Welt würde die Bücher gar nicht fassen, die zu schreiben wären.«

Dies gilt es bei den Aussagen der Bibel über die übernatürliche Welt zu beachten. Gewiß würde uns ein Buch über jene Welt mächtig interessieren. Jener Teil des Universums weckt unsere Neugier, und er befindet sich ja nicht irgendwo in weiter Ferne, sondern er umgibt uns unmittelbar, gewissermaßen als vierte Dimension unserer Wirklichkeit. Mehr noch: In jedem Augenblick besteht eine Beziehung von Ursache und Wirkung zwischen jener Welt und unserer eigenen. Sie ist tatsächlich nicht weniger natürlich und nicht weniger real als der sichtbare Teil des Universums, und wir können die sichtbare Hälfte nicht verstehen, wenn wir die Existenz des unsichtbaren Teiles verneinen. Obwohl wir nun über manche Dinge in jener Welt liebend gern mehr wüßten, als uns die Bibel sagt, können wir davon ausgehen, daß wir so viel erfahren, wie wir brauchen. Die Information über die übernatürliche Welt soll uns helfen, uns selbst als Menschen zu verstehen, als verlorene Menschen, die nach einem Lebenssinn suchen, und als gerettete Menschen, die dem zweiten Kommen Christi entgegensehen. Mit dem Eintritt der Schlange kommen wir mit dieser anderen Hälfte des Universums in Berührung.

Einer der Tricks Satans besteht, nebenbei bemerkt, in seinem Versuch, uns dahin zu bringen, die Methode des modernen liberalen Denkens zu übernehmen, die Bibel in Bruchstücke aufzusplittern und so ihre Einheit zu zerstören. Gewiß, auch wenn die Bibel eine Einheit ist, finden wir darin eine im Laufe der Zeit fortschreitende Offenbarung, das soll nicht bestritten werden. Alles aber bildet eine Einheit, und »fortschreitende Offenbarung« bedeutet keinesfalls »widersprüchliche Offenbarung«.

So werden oft am Ende der Bibel Fragen geklärt, die beim Lesen früherer Teile auftauchen. Wenn wir das ganze Buch studiert haben, haben wir die Erklärung aller seiner Teile, soweit wir sie heute brauchen. So lesen wir in der Offenbarung: »So wurde geworfen der große Drache, die alte Schlange, genannt der Teufel und der Satan, der den ganzen Erdkreis verführt, geworfen wurde er auf die Erde, und seine Engel wurden mit ihm geworfen« (Off 12,9). Zutreffenderweise wird hier *Satan* nicht als eine unbestimmte widergöttliche Macht charakterisiert. Er ist »der« Widersacher, »der« Satan. Er ist es, der den ganzen Erdkreis verführt hat. Aber er ist nicht allein; er ist umschart von Engeln, die mit ihm hinausgeworfen werden. Bei Satan sind alle jene, die seinen Weg gewählt haben, einen Weg, der nicht nur in die Rebellion, sondern auch zur Verdammnis führt. Etwas später gibt die Offenbarung eine weitere Information: »Und er (ein Engel) ergriff den Drachen, die alte Schlange, welche der Teufel und Satan ist, und band ihn auf tausend Jahre« (Off 20,2). Auch hier sehen wir, daß die Schlange eine bestimmte Schlange ist. Wieder wird der bestimmte Artikel verwendet. »Die alte Schlange«, »der Teufel« und »der Satan« sind also identisch. Dank dieser Information wissen wir auf jeden Fall, mit wem wir es in 1 Mo 3,1 zu tun haben. Der bestimmte Artikel, der in Offenbarung 12,9 bei Satan und in Offenbarung 20,2 sowie 1 Mose 3,1 bei der Schlange steht, ist wichtig. Man hat schon den Gedanken aufgeworfen, ob der hebräische bestimmte Artikel in 1 Mose 3,1 nicht ein »Hoheits-Artikel« ist, wie ihn die hebräische Grammatik kennt. Sollte dies der Fall sein, dann ist »Die Schlange« schon hier ein Eigenname.

Jesus machte eine wichtige Aussage über den Teufel, als er sich mit denen auseinandersetzte, die ihn verwarfen und sich dabei auf Gott als ihren Vater beriefen: »Ihr seid von dem Vater, dem Teufel, und was euer Vater begehrt, wollt ihr tun; der war ein Menschenmörder von Anfang an und ist nicht bestanden in der Wahrheit, denn Wahrheit ist nicht in ihm. Wenn er die Lüge redet, so redet er aus seinem Eigenen, denn er ist ein Lügner und der Vater derselben« (Joh 8,44). Beachten wir: Der Teufel »besteht« nicht in der Wahrheit, bleibt nicht in und bei der Wahrheit. Vielmehr ist er der Lügner hinter allen Lügnern, und er steht auch hinter der Lüge aller Lügen — daß das Geschöpf Gott gleich sein kann. An diesem Punkt hat er selbst sich gegen seinen Schöpfer, Gott, erhoben. Jede andere Lüge ist nur ein Abglanz dieser einen. Dies also ist der Teufel — der Urheber der Lüge überhaupt.

In diesem größeren Zusammenhang müssen wir das verstehen, was ich die »Theologie des Falls« nenne. In der Genesis sehen wir einen freien Menschen mit einer durch nichts eingeschränkten Entscheidungsfreiheit. Und an diesen Menschen tritt von außen her die Versuchung Satans heran. Wir müssen aber noch weiter zurückgreifen und die Verbindung zwischen Satans Fall und Adams Fall herstellen. Satan hatte, ohne äußere Versuchung, schon zuvor die Auflehnung gewählt. Er revoltierte von innen heraus. Adam und Eva hingegen wurden vom Vater der Lüge versucht, d. h. die Versuchung trat von außen an sie heran. Der Fall Satans wird meiner Meinung nach in Jesaia 14, 12-15 beschrieben (allerdings wird das von vielen bestritten, und wir dürfen hier nicht dogmatisch sein): »Wie bist du vom Himmel herabgefallen, du Morgenstern (Luzifer), wie bist du zu Boden geschmettert, der du die Völker niederstrecktest! Und doch hattest du dir in deinem Herzen vorgenommen: Ich will zum Himmel emporsteigen und meinen Thron über die Sterne Gottes erhöhen und mich niederlassen auf dem Götterberg im äußersten Norden; ich will über die in Wolken verhüllten Höhen emporsteigen, dem Allerhöchsten gleich sein! Ja, zum Totenreich fährst du hinab, in die tiefste Grube!«

Wenn wir annehmen, daß sich das Wort *Sterne* auf die anderen Engel bezieht, dann sagte er, kurz gefaßt: »Ich will größer sein als alle anderen.« Doch geht er noch weiter und fügt ausdrücklich hinzu:

»Ich will dem Allerhöchsten gleich sein.« Satan, der Lügner, der Urheber der Lüge aller Lügen, sagt in seinem Herzen (innerhalb seiner selbst und von innen heraus): »Ich will größer sein als alles andere und gleichgestellt mit Gott.«

Der Bericht über Satan in Jesaja entspricht fast genau dem der Genesis über die Revolte des Menschen. Satan will Gott gleich sein, doch diese Absicht führt ihn am Ende dahin, daß er in den Abgrund geworfen wird. In 1 Mo 3 möchte die Frau Gott gleich sein, endet aber im Tod. Wenn wir den Eintritt der Schlange in den Garten betrachten, so sehen wir damit, wie die Rebellion in die von Gott gemachte Welt der Menschen einzudringen beginnt. Auflehnung gibt es weder im mechanisch ablaufenden Teil des Universums, noch in der Pflanzen- und Tierwelt. Aber in dem Bereich, der rebellieren kann, dem der Engel und der Menschen, da sehen wir die Auflehnung.

Ich meine, es ist offensichtlich, daß der Teufel hier das Tier, die Schlange, für seinen ersten Versuch gebrauchte, Gott in der Welt der Menschen herauszufordern und zu besiegen. Mit anderen Worten: ›Die Schlange‹ bediente sich einer Schlange. Dieses ist nicht das einzige Mal, wo der Teufel selbst von einem anderen Wesen Besitz ergreift und es als »ausführendes Organ« benutzt. Im Gegensatz zu dämonischer Besessenheit gibt es mindestens zwei weitere Fälle, in denen der Teufel teuflische Besessenheit ausübt.

Lukas 22,3 berichtet von einem entscheidenden Moment im Leben des Messias (der gekommen war, um den Kopf ›Der Schlange‹ zu zertreten), wo Satan von Judas Besitz ergriff: »Es fuhr aber der Satan in Judas, genannt Iscariot.« Satan übertrug diese Arbeit nicht einem anderen, er besorgte sie selbst. Er fuhr in den Judas.

Das dritte Mal, wo Satan wiederum eine besondere Anstrengung macht, liegt noch vor uns — in der Zeit des Antichristen, wo ein Gesetzloser sich gegen Gott erheben wird. Offenbarung 13,4 zeichnet ein gewaltiges Bild dieses kommenden Tages, wenn die Mächte des Humanismus — die vereinigten Kräfte von Wirtschaft, Religion und Politik — sich zu einem einzigen großen Aufstand zusammenfinden und dem Gott, der da ist, den Fehdehandschuh hinwerfen. Der stolze Humanismus ist dann nicht mehr naturalistisch; er hat sich vielmehr mit dem Herrscher der okkulten Welt zusammengerottet. Unter der Herrschaft des Antichristen, so lesen wir, »beteten sie den Drachen an (der in Off 12,9 und 20,2 als der Satan, Die Schlange, identifiziert wird), weil er dem Tier (Anti-Christ) die Macht gegeben, und beteten das Tier an und sprachen: Wer ist dem Tiere gleich, und wer vermag mit ihm zu streiten?« So ist Satan hier wieder im Spiele, restlos im Streit engagiert.

Wenn wir nun zum dritten Kapitel der Genesis zurückkehren, ist uns manches klarer. Daß Satan sich eines anderen Wesens bedient, sei es eines Judas oder eines Anti-Christen oder einer Schlange, ist in keinem dieser Fälle einmalig.

Die Versuchung

Im Universum gibt es bereits Rebellion, die Engelscharen sind gespalten, es besteht eine Hierarchie des Bösen, und nun schreitet der Anführer selbst dazu, Eva zu versuchen: »Hat Gott wirklich gesagt, ihr dürft nicht essen von jedem Baum im Garten?« Die Frau steht hier in ihrer ganzen Herrlichkeit — der Herrlichkeit einer Schöpfung im Bilde Gottes, ohne jeden Zwang, das Böse zu wählen. Sie befindet sich in einer vollkommenen Umwelt, sie hat die Stimme Gottes gehört und kann sich nun völlig frei entscheiden. Welch ein Wunder ist der Mensch! Nicht der mechanische oder der nur biologische Mensch, sondern der Mensch, der als das Abbild Gottes in einer Situation eine Wahl treffen kann, ohne irgendeinem Zwang zu unterliegen.

Nun tritt Satan an sie heran und spricht: »Hat Gott wirklich gesagt, ihr dürft nicht essen von jedem Baum im Garten?« Was wird sie antworten? »Da sprach das Weib zur Schlange: Wir essen von der Frucht der Bäume im Garten; aber von der Frucht des Baumes mitten im Garten hat Gott gesagt: Esset nicht davon und rührt sie auch nicht an, damit ihr nicht sterbet« (V. 2-3). Man hat darauf hingewiesen, daß Eva hier dem Gebot Gottes etwas hinzugefügt hat. Gott hatte doch offenkundig nicht gesagt: »rührt sie auch nicht an«, sondern nur: »esset nicht davon«. Ich weiß nicht, ob man dieser Diskrepanz viel Gewicht beimessen sollte, aber sie ist doch bemerkenswert. Die Schlange antwortet mit einem direkten Widerspruch: »Ihr werdet sicherlich nicht sterben« (V. 4). Nun ist der Konflikt da.

Satan bietet aber noch mehr an: »Sondern Gott weiß, welchen Tages ihr davon esset, werden eure Augen aufgetan, und ihr werdet sein wie Gott und wissen, was gut und böse ist« (V. 5). Der Widerspruch gegen Gott ist unverhüllt. Gott sagte: »Welchen Tages du davon issest, mußt du unbedingt sterben«; Satan sagt: »Welchen Tages ihr davon esset, werdet ihr sein wie Gott.«

In gewissem Sinn enthält diese Behauptung eine halbe Wahrheit. Das ist seither oftmals die Taktik Satans gewesen. Eva wird ja tatsächlich etwas Neues lernen. Wenn sie sich für den Ungehorsam und die Auflehnung entscheidet, wird sie etwas erlangen, was sonst unerreichbar bliebe — die existentielle Erfahrung des Bösen und seiner Folgen. In dieser Hinsicht sagte ihr Satan die Wahrheit. Doch welch eine unnütze und entsetzliche Erfahrung! Es ist die Erfahrung eines Kindes, dem die Mutter sagt: »Geh nicht an das Feuer heran, denn wenn du das tust, wirst du dir weh tun. Du wirst Feuer fangen und dich verbrennen.« Aber das kleine Kind besteht auf seinem Willen, es gehorcht nicht, fällt in das Feuer und stirbt nach drei Tagen schmerzvoller Agonie. Das Kind hat etwas gelernt, was es existentiell nicht erfahren hätte, wenn es auf die Information der Mutter gehört hätte. Aber welch eine Erfahrung!

Evas Fall ist nicht Aufstieg, sondern ein Absinken in jeder nur denkbaren Weise. Sie weiß schon aus Gottes Mund: »Welchen Tages du davon issest, mußt du sterben.« Wenn ihr dieses Wissen nicht genügt, kann sie existentielle Erkenntnis haben, doch ist diese Erkenntnis keine wahrere Erkenntnis als die von Gott vermittelte Erkenntnis, allerdings wird sie Folgen haben: Die ganze Menschheit wird im Todeskampf liegen.

Natürlich ist es eine Lüge, wenn Satan behauptet, Eva werde aufgrund dieser Erfahrung wie Gott sein, denn Gott ist doch nicht Gott, weil er existentiell das Böse erfahren hätte. Gott ist Gott, weil er unendlich ist, unabhängig, unbedingt. Kein erschaffenes Geschöpf kann ihm in dieser Beziehung je gleichen. Satans Versprechen ist also selbst theoretisch-logisch eine Lüge, weil Gott unendlich ist und alle Möglichkeiten kennt, ohne durch irgendwelche Grenzen gebunden zu sein. Wir aber sind, wie groß unsere Erkenntnis auch immer sein mag, nach wie vor von Grenzen eingeengt und werden es immer sein. Somit ist das, was Satan sagte, eine halbe Wahrheit, aber zugleich eine völlige Lüge.

Eva reagiert, indem sie zunächst die Situation überdenkt: »Als nun das Weib sah, daß von dem Baume gut zu essen wäre und daß er eine Lust für die Augen und ein wertvoller Baum wäre, weil er klug machte . . .« (V. 6). Drei Schritte werden hier deutlich: Sie sah den Baum an und bemerkte, daß er gute Nahrung bot, daß er herrlich anzusehen war, und sie begehrte die Erkenntnis, welche sie Gott gleich machen würde. Mit diesem Gedanken steht Eva ganz und gar in der

Situation, auf die sich das letzte der zehn Gebote bezieht: »Laß dich nicht gelüsten« bzw. »Du sollst nicht begehren« (2 Mo 20,17). Nach allen das äußere Verhalten betreffenden Geboten folgt das Gebot, auf dem alle anderen ruhen. Das Begehren, das Verlangen nach dem, was nicht rechtmäßig mir gehört, ist für das Geschöpf, das vor Gottes Gesetz steht, wirklich der Grund aller Sünde, denn die innere Fehlhaltung führt zur äußeren Übertretung der anderen neun Gebote. Darauf bezieht sich Paulus in Römer 7,7, wo er zeigt, daß das Begehren der Mittelpunkt seiner eigenen Sünde war. Jesus macht dies auch in Matth 5,21-22 klar. Er sagt, daß die zentrale Frage nicht der Mord an sich ist, sondern der Haß, der zuvor im Herzen war und der zu der Mordtat führte. Ebenso weist er in den Versen 27 und 28 darauf hin, daß ein Ehebruch schon erfolgt, wenn er auch nur in Gedanken erwogen wird. Was im Innern ist, fließt später ins Äußere hinaus.

Genau da steht Eva — Satan zielt auf ihr Inneres, denn dort fallen alle Entscheidungen. In 2 Korinther 11,3 blendet Paulus an einem viel späteren Punkt der Raum-Zeit-Geschichte auf ihre Situation zurück, wenn er der Gemeinde seiner eigenen Zeit nahelegt: »Ich fürchte aber, es könnten, wie die Schlange mit ihrer List Eva verführte, so auch eure Sinne verdorben und von der Einfalt gegen Christus abgelenkt werden.« Wir leben in unserer Gedankenwelt. Sie macht unser Wesen aus. Und Eva mußte sich entscheiden: Entweder Geschöpf zu bleiben, oder in der Auflehnung zu versuchen, das zu erlangen, was ein Geschöpf nie haben kann, und das zu sein, was ein begrenztes Geschöpf nie sein kann. Und wir stehen mit angehaltenem Atem dabei, um zu sehen, welche Wahl Eva in ihrem Inneren treffen wird.

5. Der Sündenfall in Raum und Zeit — und seine Folgen

Eva stand vor einer Entscheidung; sie dachte über die Situation nach, griff dann mit ihrer Hand in die Geschichte des Menschen ein und veränderte den Lauf aller den Menschen betreffenden Ereignisse.

Die Frucht wird gegessen

Der Bericht in der Genesis ist kurz und treffend: »Als nun das Weib sah, daß von dem Baume gut zu essen wäre und daß er eine Lust für die Augen und ein wertvoller Baum wäre, weil er klug machte, da nahm sie von dessen Frucht und aß und gab zugleich auch ihrem Mann davon, und er aß« (1 Mo 3,6)[1]. Die Entwicklung verläuft von innen nach außen; die Sünde begann in der Gedankenwelt und strahlte nach außen aus. Die Sünde wurde also bereits in dem Augenblick begangen, als sie Satan glaubte, statt Gott. An dieser Stelle waren die Würfel gefallen. Doch es läßt sich auch ein geschichtlicher Ablauf erkennen, denn zuerst glaubte sie dem Satan, dann aß sie, und danach gab sie die Frucht an Adam weiter.

1 Mo 3,17 weist auf diesen geschichtlichen Ablauf hin, wenn Gott zu Adam sagt, er hätte »der Stimme seines Weibes gehorcht und von dem Baum gegessen«. Ferner haben wir in 2 Ko 11,3 gesehen, daß, wie der Satan Eva (an ihrem geschichtlichen Zeitpunkt) durch seine List verführt hat, auch unsere Sinne (an unserem geschichtlichen Zeitpunkt) verdorben und von der Einfalt gegen Christus abgelenkt werden können.

In 1 Tim 2,14 weist Paulus auf eine weitere Einzelheit hin: »Und Adam wurde nicht verführt, das Weib aber wurde verführt und geriet in Übertretung.« Es ist äußerst schwer, einer Versuchung zu widerstehen, wenn diese mit der Beziehung zwischen Mann und Frau verknüpft ist. So warnt uns z. B. 2 Mo 34,16 davor, uns durch das Mann-Frau-Verhältnis zum Götzendienst (hier als »fremden Göttern nachbuhlen« bezeichnet) verleiten zu lassen.

Der Mensch trägt zwei starke Triebe in sich. Der erste ist das Verlangen nach einer Beziehung zu Gott, der zweite ist sein Verlangen nach einer Beziehung zum anderen Geschlecht. Dieser Geschlechtstrieb wird besonders leicht zur Versuchung. Wie viele junge Frauen sind treue Christen, bis in einem gewissen Alter ihr ganzes Wesen fast unbewußt vom Verlangen nach einer Ehe erfüllt wird und sie einen Nichtchristen heiraten! Und wie viele junge Männer folgen Christus in Treue nach, bis zu der Zeit, wo die männliche Triebkraft sie erfaßt und sie Gott untreu werden, indem sie eine Frau heiraten, die sie für den Rest ihres Lebens in geistliche Probleme verwickelt! Wenn ich junge Männer und junge Frauen sehe, die vor diesen schwerwiegenden Entscheidungen stehen, kann ich nur unter Tränen für sie beten, denn es gibt wohl keinen größeren Schmerz, als wenn man sich plötzlich verliebt und dann erkennt, daß man zu dem natürlichen Verlangen nein sagen muß, weil es in diesem besonderen Fall unsere wichtigere Beziehung — die Beziehung zu Gott — zerstören würde. Das Geschehen im Garten Eden ist zwar ein vergangenes Ereignis der Geschichte in Raum und Zeit, doch die Versuchungskraft, die die Beziehung zwischen Mann und Frau für Adam dargestellt haben muß, ist ein universelles Problem.

Die Folgen des Falles für die Menschheit

Die Schrift weist an vielen Stellen auf die Folgen von Adams und Evas Handlung hin, am deutlichsten wohl in Röm 5,12-19, wo Paulus unterstreicht, daß mit ihrem Ungehorsam die Sünde in die Menschheit einbrach. Dazu führe ich hier einen Teil dieses Abschnittes an: »Darum, gleichwie durch einen Menschen die Sünde in die Welt gekommen ist und durch die Sünde der Tod, und so der Tod zu allen Menschen hindurchgedrungen ist, weil sie alle gesündigt haben — denn schon vor dem Gesetz war die Sünde in der Welt; wo aber kein Gesetz ist, da wird die Sünde nicht angerechnet. Dennoch herrschte der Tod von Adam bis Mose auch über die, welche nicht mit gleicher Übertretung gesündigt hatten wie Adam, der ein Vorbild des Zukünftigen ist ... Denn wenn durch des einen Sündenfall die vielen gestorben sind ... Denn wenn infolge des Sündenfalles des einen der Tod zur Herrschaft kam durch den einen ... Also: wie der Sündenfall des einen zur Verurteilung aller Menschen führte ... Denn gleichwie durch den Ungehorsam des einen Menschen die vielen zu Sündern gemacht worden sind ...«

Die stete Wiederholung macht eines klar: Durch das Tun eines Menschen in einer historischen Situation in Raum und Zeit ist die Sünde in die Welt der Menschen eingedrungen. Dies ist aber nicht nur eine theoretische Aussage, die uns eine vernünftige und ausreichende Antwort für das gegenwärtige Dilemma des Menschen bietet und erklärt, wieso die Welt so schlecht sein und Gott doch gut sein kann. Nein, diese Aussage macht deutlich, daß der Mensch von dieser Zeit an wirklich ein Sünder war und ist. Obwohl diese Lehre bei vielen unbeliebt ist, hämmert uns die Bibel immer wieder die Tatsache ein, daß das Böse in die Welt der Menschen eingedrungen ist, daß alle Menschen jetzt Sünder sind, daß alle Menschen heute sündigen. Hören wir nur den Ausruf Gottes über die Menschheit in Jer 17,9: »Überaus trügerisch ist das Herz und bösartig; wer kann es ergründen?«

Übrigens ist es heute in gewisser Hinsicht leichter als noch vor wenigen Jahren, die Sündhaftigkeit des Menschen zu verkünden. Rundherum sagen nämlich die Künstler, die Schriftsteller und die Protestsänger: »Was ist los mit dem Menschen? Irgend etwas ist beim Menschen nicht in Ordnung!« Die Bibel stimmt hier zu und beurteilt das Leben realistisch: »Das Herz ist trügerisch und böse.«

Ich meine, die härtesten Worte wurden von Jesus selbst in Johannes 8,44 ausgesprochen, wo er sich an jene wendet, die sich auf Gottes Vaterschaft beriefen, und er ihnen sagte: »Ihr seid von dem Vater, dem Teufel, und was euer Vater begehrt, wollt ihr tun.« Mit anderen Worten: »Ihr habt euch entschieden, dem Satan nachzulaufen.«

Jesaia schreibt: »Wir gingen alle in der Irre wie Schafe, ein jeder wandte sich auf seinen Weg« (Jes 53,6). Wenn wir also »alle in der Irre gingen wie die Schafe«, kann ich nicht einfach sagen, *sie* gingen in der Irre, sondern ich muß sagen: *Ich* ging in der Irre. Auch ich sündige. Paulus hebt dies im Römerbrief hervor, wenn er den Zustand aller Rassen, zuerst der Nichtjuden und dann der Juden, zusammenfassend beschreibt: »Wie geschrieben steht: Es ist keiner gerecht, auch nicht einer; es ist keiner verständig, keiner fragt nach Gott; alle sind abgewichen, sie taugen alle zusammen nichts; es ist keiner, der Gutes tut, auch nicht einer« (Röm 3,10-12). Wenn da keiner ist, der Gutes tut, auch nicht einer, bin auch ich dabei. Ich habe in meiner Bibel an dieser Stelle das Wort *ich* an den Rand geschrieben. Galater 3,10 bestätigt und bekräftigt: »Denn alle, die aus Gesetzeswerken sind, die sind unter dem Fluch; denn es steht geschrieben: ›Verflucht ist jeder, der nicht bleibt in allem, was im Buche des Gesetzes geschrieben steht, es zu tun.‹« Hier ist die ganze Menschheit festgenagelt. Nicht nur das offenbare Gesetz Gottes verurteilt den Menschen, sondern auch jegliche moralische Regung, die Menschen je gehabt haben. Keiner hat je das geoffenbarte Gottesgesetz eingehalten, ja, der Mensch kann nicht einmal seinem eigenen moralischen Empfinden gemäß leben. Das sagt auch Röm 2,1-2: »Darum bist du nicht zu entschuldigen, o Mensch, wer du seist, der du richtest! Denn indem du den andern richtest, verdammst du dich selbst; denn du verübst ja dasselbe, was du richtest! Wir wissen aber, daß das Gericht Gottes dem wahren Sachverhalt entsprechend über die ergeht, welche solches verüben.«

Was Paulus hier sagt, läßt dem Menschen, der dies in der Heiligen Schrift liest, keine Ausflucht. Die Bibel meint das nie verallgemeinernd oder abstrakt. Paulus schreibt: »Darum bist du nicht zu entschuldigen, o Mensch.« Das Wichtigste an dieser Stelle ist wohl die Einzahl, denn hier wird jeder einzelne angesprochen, der dies hört oder liest: »Wer du seist, der du richtest; denn indem du den anderen richtest, verdammst du dich selbst, denn du verübst ja dasselbe, was du richtest!« Tatsache ist einfach, daß nicht nur derjenige, der das geschriebene Gesetz Gottes, die Bibel, hat, unter dem Gericht des Gesetzes steht, sondern jeder Mensch, der je gelebt hat. Ich habe schon an anderer Stelle (Tod in der Stadt, Wuppertal/Genf 1973) darauf hingewiesen, daß die Anthropologen und Soziologen überall bei den Menschen moralische Regungen festgestellt haben. Der Inhalt der jeweiligen Normen mag unterschiedlich sein, alle Menschen aber handeln im Rahmen von moralischen Kategorien. Und Paulus sagt hier, daß ein Mensch durch seine eigenen moralischen Maßstäbe verurteilt wird, weil er jedesmal, wenn er einen anderen danach richtet, sich selbst unter dasselbe Urteil stellt. Jeder Mensch spricht moralische Urteile über andere Menschen aus und hält sich doch selbst nicht an die Regeln. Was geht daraus hervor? Alle Menschen sind Sünder, alle Menschen sündigen.

Unter diese Anklage fallen sowohl die Menschen, die Christen geworden sind, als auch die Nichtchristen. Menschen werden nicht als Christen geboren, als wären sie eine besondere Rasse. Jeder einzelne, der heute ein Kind Gottes ist, war zuvor ein Rebell. Wir sind alle aus demselben Stein gehauen, ob wir aus einem kirchlichen oder einem gemeindefernen Hause stammen. Kein frommes Milieu kann dem Menschen helfen.

Bin ich heute Christ? Dann darf ich nie vergessen, daß ich gestern ebenso ein Rebell war, wie jeder andere, der heute auf der Erde wandelt. Genau das sagt Epheser 2,2-3 in eindringlichen Worten: »In welchen ihr einst wandeltet nach dem Lauf dieser Welt, nach dem

Fürsten, der in der Luft herrscht, dem Geiste, der jetzt in den Kindern des Unglaubens wirkt.« Paulus spricht hier zur Gemeinde in Ephesus. Er fährt aber fort und bezieht sich selbst mit ein, stellt sich an unsere Seite, denn er sagt nicht mehr »ihr«, sondern »wir«: »Unter welchen auch wir alle einst einhergingen in den Lüsten unseres Fleisches, indem wir den Willen des Fleisches und der Gedanken taten; und wir waren Kinder des Zorns von Natur, gleich wie die andern.« So sind wir. Wenn wir heute Christen sind, sind wir zuvor so gewesen. Wir waren einem anderen Herrscher untertan — dem Vater der Lüge. Wir haben keinen Anlaß, stolz zu sein, denn, wie Epheser 5,8 sagt, »Ihr waret einst Finsternis, nun aber seid ihr Licht in dem Herrn«. Vergeßt nicht, daß ihr von Adams Sünde gezeichnet und selbst Sünder gewesen seid: »Und euch, die ihr einst entfremdet und feindlich gesinnt waret in den bösen Werken, hat er aber nun versöhnt« (Kol 1,21).

Wir haben keinen Grund, stolz zu sein. Wenn wir in die Welt der Sünder hinausschauen, sollten wir um sie weinen. Wenn wir erlöst sind, dürfen wir uns von Herzen freuen, doch sollten wir im Blick auf die anderen nie vergessen, daß wir auch zu ihnen gehört haben und in einem gewissen Sinne auch jetzt noch zu ihnen gehören, denn wir sind immer noch mit Sünde behaftet. Die Christen sind nicht eine besondere Gruppe von Menschen, die auf sich selbst stolz sein könnten; Christen sind erlöste Menschen, das ist alles!

Wo immer wir uns hinwenden, finden wir dasselbe: »Denn auch wir (auch hier wieder »wir«) waren einst unverständig, ungehorsam, gingen irre, dienten den Lüsten und mancherlei Begierden, lebten in Bosheit und Neid, verhaßt und einander hassend« (Tit 3,3). Paulus ließ seine Zuhörer nie vergessen, daß sie keiner besonderen Art angehörten, nur weil sie ursprünglich beschnittene Juden oder jetzt getaufte Christen waren. Ein jeder muß eingestehen: »Ich bin der Rebell gewesen, ich bin der Sünder gewesen.« Das Wort in 1 Johannes 1,10 macht dies mit aller Wucht klar: »Wenn wir sagen, wir haben nicht gesündigt, machen wir ihn (Gott) zum Lügner, und sein Wort ist nicht in uns.« Wenn wir in unseren Gefühlsreaktionen und in unseren Worten vergessen, daß wir in der Tat Sünder gewesen sind, nicht nur durch unsere Verstrickung in die Folgen von Adams Sünde, sondern weil wir aus eigenen Stücken immer, immer und immer wieder sündigen — wenn wir dies vergessen, machen wir Gott zum Lügner.

Alle Menschen stehen also unter Gottes Gerichtsurteil. Selbst jenes wunderbare Kapitel, das so deutlich von der Hoffnung spricht, das dritte Kapitel im Johannes-Evangelium, unterstreicht zweimal, daß die Menschen unter Gottes Gericht stehen. So finden wir zum Beispiel in Johannes 3,18 die Worte: »Wer an ihn glaubt, wird nicht gerichtet; wer aber nicht glaubt, der ist schon gerichtet, weil er nicht geglaubt hat an den Namen des eingeborenen Sohnes Gottes.« Das Zeugnis von Johannes dem Täufer im letzten Vers dieses Kapitels ist noch deutlicher: »Wer an den Sohn glaubt, der hat ewiges Leben; wer aber dem Sohne nicht glaubt, der wird das Leben nicht sehen, sondern der Zorn Gottes bleibt auf ihm« (V. 36). Einer Welt, die der Synthese verfallen ist, stellt die Bibel eine Botschaft der totalen Antithese gegenüber: Wer glaubt, der hat das Leben, wer aber nicht glaubt, zieht den Zorn und das Gericht Gottes auf sich. Dies also ist die eigentliche Folge des Sündenfalles in Raum und Zeit, den wir im Ablauf der Geschichte betrachtet haben — die Menschen sind Rebellen und stehen unter Gottes Gericht.

Schuld vor Gott

Im Garten Eden traten noch andere Folgen der Sünde sofort zutage: »Da wurden ihrer beider Augen aufgetan, und sie wurden gewahr, daß sie nackt waren; und sie banden Feigenblätter um und machten sich Schürzen« (1 Mo 3,7). Das hier mit *Schürzen* wiedergegebene hebräische Wort hat eine besondere Geschichte. Es bedeutet eigentlich nur »sich umgürten« und wurde daher unterschiedlich übersetzt. Eine Bibelausgabe, die *Breeches Bible* (»Schürzenbibel«) von 1608 erhielt ihren Namen wegen der hier gewählten Übersetzung. Was auch immer eine *Schürze* sein mag, es ist ein Kleidungsstück, das man sich umbindet.

Das Wesentliche ist hier, daß Adam und Eva sich der Tragweite ihres Tuns bewußt wurden. Sie begannen, sich zu ängstigen und Schuld zu empfinden — und dies zu Recht, denn ihre Schuldgefühle entsprangen wahrer Schuld. Wenn ein Mensch gegen Gott sündigt, hat er nicht nur Schuldgefühle, er ist wirklich schuldig; ja, er ist schuldig, selbst wenn er keine Schuldgefühle hat.

»Und sie hörten die Stimme Gottes, des HERRN, der im Garten wandelte beim Wehen des Abendwindes; und der Mensch und sein Weib versteckten sich vor dem Angesicht Gottes des HERRN hinter die Bäume des Gartens« (V. 8). Diesen Vers haben wir schon zuvor zitiert, um auf das Wunder der unmittelbaren Kommunikation Gottes mit dem Menschen hinzuweisen. Vor dem Fall gab es in diesem Garten beim Wehen des Abendwindes (oder in der Abendkühle) unmittelbare Gemeinschaft — unmittelbare, verständlich formulierte Kommunikation zwischen Gott und Mensch. Jetzt aber wird das, was für den Menschen so wunderbar und beglückend war und was allen seinen Bedürfnissen entsprach — der unendliche persönliche Bezugspunkt, mit dem er Gemeinschaft und Kommunikation hatte —, zu etwas Furchterregendem. Jetzt muß er Gott von Angesicht zu Angesicht gegenübertreten! Hat der Mensch erst einmal seine Faust gegen Gott erhoben, wird das zuvor so Wunderbare ein Anlaß zu beklemmender Furcht, weil Gott eben wirklich da ist.

So lesen wir denn: »Da rief Gott der HERR den Menschen und sprach: Wo bist du? Er sprach: Ich hörte deine Stimme im Garten und fürchtete mich; denn ich bin nackt, darum verbarg ich mich! Da sprach er: Wer hat dir gesagt, daß du nackt bist? Hast du etwa von dem Baum gegessen, davon ich dir gebot, du sollst nicht davon essen? Da sprach der Mensch: Das Weib, das du mir zugesellt hast, die gab mir von dem Baum, und ich aß! Da sprach Gott der HERR zum Weibe: Warum hast du das getan? Das Weib antwortete: Die Schlange verführte mich, daß ich aß« (V. 9-13).

Als erstes fällt hier auf, daß Adam und Eva sogleich versuchen, die Schuld von sich weg und einem andern zuzuschieben; damit ist ein Riß entstanden, der seither alle Beziehungen von Mensch zu Mensch zutiefst zeichnet. Die Menschheit ist zerrissen — Mensch steht gegen Mensch. Was uns die moderne Psychologie über die Entfremdung des Menschen sagt, ist hier bereits vorgezeichnet. Der Mann ist von seiner Frau entfremdet, die Frau von ihrem Mann, denn nun wenden sie sich gegeneinander und schieben sich gegenseitig die Schuld an ihrer Lage zu. Alle Entfremdung, über die je ein Dichter klagen mag, ist hier schon vorhanden.

In gewisser Hinsicht haben beide, Adam und Eva, recht. Eva hat Adam die Frucht gegeben, und Satan hat Eva verleitet. Doch damit werden sie nicht von ihrer Verantwortung befreit. Eva war für ihr Tun verantwortlich, Adam für sein Handeln, und mit dieser ihrer Verantwortung standen sie nun vor Gott.

Gottes Gericht über Mensch und Natur

In den Worten, die Gott an diesem geschichtlichen Zeitpunkt an die Beteiligten richtet, lassen sich vier Stufen im Urteil unterscheiden. Zuerst spricht er zur Schlange, derer sich Satan bedient hatte: »Da sprach Gott der HERR zur Schlange: Weil du solches getan hast, so seist du verflucht *vor allem* Vieh und *vor allen* Tieren des Feldes! Auf deinem Bauch sollst du kriechen und Erde essen dein Leben lang« (V. 14). Wie wir später sehen werden, wird die ganze Natur abnorm, die Schlange jedoch wird in besonderer Weise »vor allem Vieh« ausgesondert.

An zweiter Stelle spricht Gott in Vers 15 zu Satan; darauf werden wir zurückkommen.

Drittens spricht er zu der Frau: »Und zum Weibe sprach er: Ich will dir viele Schmerzen durch häufige Empfängnis bereiten; mit Schmerzen sollst du Kinder gebären; und du sollst nach deinem Manne verlangen, er aber soll herrschen über dich« (V. 16). Zwei Themen werden hier angedeutet: das Frausein der Frau — Schwangerschaft und Geburt — und die Beziehung zu ihrem Manne. In bezug auf das erste erklärt Gott, daß er zwei Dinge vermehren wird — nicht nur die Schmerzen, sondern auch die Häufigkeit der Schwangerschaften. Man scheint aus dem Text schließen zu können, daß ohne die Rebellion des Menschen weniger Kinder geboren worden wären.

In bezug auf die Beziehung zu ihrem Mann sagt Gott: »Und du sollst nach deinem Manne verlangen, er aber soll herrschen über dich!« Dieser eine Satz macht jede Hoffnung auf eine reine Demokratie zunichte. In einer gefallenen Welt ist reine Demokratie nicht möglich. Nein, Gott gibt schon der grundlegenden zwischenmenschlichen Beziehung — der Beziehung zwischen Mann und Frau — eine bestimmte Struktur. In einer gefallenen Welt (in jeder Art Gesellschaft — ob groß oder klein — und in jeder Art von Beziehung) sind Ordnungsstrukturen erforderlich. Hier werden sie von Gott selbst für die grundlegende menschliche Beziehung eingesetzt. Eine Form wird gegeben, und ohne diese Form wäre Freiheit nichts als Chaos.

Die Herrschaft des Mannes beruht nicht einfach auf seiner größeren Kraft (das entspräche der Ansicht eines Marquis de Sade). Er soll vielmehr herrschen, weil Gott diese Ordnung als eine Struktur inmitten der gefallenen Welt aufrichtet. Die Bibel sagt ganz klar, daß diese Beziehung nicht ohne Liebe sein darf. Nach den Worten des Neuen

Testamentes soll der Mann seine Frau so lieben, wie Christus die Gemeinde liebt (Eph 5,23). Es kann uns nicht überraschen, daß die Menschen in einer gefallenen Welt diese Struktur in eine Art Sklaverei umfunktioniert haben. Das war nicht die ursprüngliche Absicht. Tatsache ist, daß in von der Bibel beeinflußten Kulturen das Gleichgewicht von Ordnungsstruktur und Liebe substantiell wiederhergestellt worden ist. Die Bibel stellt nämlich stets der Ordnung die Liebe zur Seite.

Trotzdem bleibt: Seit dem Fall bilden die Worte Gottes in Vers 16 die Struktur oder Ordnung der grundlegenden menschlichen Beziehung — des Mann-Frau-Verhältnisses. Die Frau hat gewiß Anrecht auf den Wunsch nach Freiheit, auf das Gefühl, in dieser Welt als Mensch ernstgenommen zu werden. Wenn sie aber versucht, die Struktur dieses grundlegenden Verhältnisses zu sprengen, verletzt sie am Ende sich selbst. Damit durchtrennt sie den Knoten, der alle anderen menschlichen Beziehungen zusammenhält. Die Auflösung geht dann weiter — vom Verlust des Gehorsams ihrer eigenen Kinder bis hin zum Einsturz der Gesellschaft um sie her. In der gefallenen Welt brauchen wir Strukturen für alle zwischenmenschlichen Beziehungen.

Das abnorme Universum

Viertens spricht Gott den Mann an: »Und zu Adam sprach er: Dieweil du gehorcht hast der Stimme deines Weibes und von dem Baum gegessen, davon ich dir gebot und sprach: ›Du sollst nicht davon essen‹, verflucht sei der Erdboden um deinetwillen, mit Mühe sollst du dich davon nähren dein Leben lang« (V. 17). Mit anderen Worten: an diesem Punkt wird die Außenwelt verändert.

Es ist bemerkenswert, daß fast alle Folgen von Gottes Gericht über die Rebellion des Menschen sich irgendwie auf die Außenwelt auswirken. Sie bleiben nicht auf die Innenwelt des Menschen beschränkt, sind nicht lediglich psychologischer Art. Nein, die objektive Außenwelt wird aufgrund tiefgreifender Veränderungen abnorm. Mit »um deinetwillen« führt Gott diese äußeren Abnormitäten auf Adams Handeln beim Sündenfall zurück.

Alle diese Veränderungen gehen — wie die ursprüngliche Schöpfung — auf Gottes Machtwort zurück. Obwohl also mit der Erschaffung Evas die eigentliche Schöpfung abgeschlossen ist, ist Gottes in Geschichte und Kosmos eingreifendes Machtwort nicht verstummt.

Die Abnormität der Außenwelt geht auf ein solches Machtwort zurück. In die Terminologie des zwanzigsten Jahrhunderts übersetzt können wir sagen: Das Universum ist kein von blinder Naturkausalität beherrschtes geschlossenes System. Gott spricht, und etwas verändert sich. Wir werden hier an die langen Auseinandersetzungen zur Zeit Lyells und Darwins erinnert, bei denen es um die Frage ging, ob es so etwas wie Katastrophen geben könne — etwas, was das eherne Gesetz von Ursache und Wirkung durchbrechen könne. Die Bibel antwortet hier ganz klar: Ja, Gott sprach, und das, was er erschaffen hatte, wurde verändert.

So ist die Erde jetzt abnorm. Wir lesen zum Beispiel in 1 Mo 5,29 über die Welt vor der Sündflut: »Den nannte er (der Vater Noahs) Noah, indem er sprach: Der wird uns trösten ob unserer Hände Arbeit und Mühe, die herrührt von dem Erdboden, den der HERR verflucht hat.« Der Name *Noah* an sich bedeutet einfach Ruhe oder Trost. Die Heilige Schrift will hier sagen, daß die Menschen an jenem Zeitpunkt des Ablaufes der biblischen Geschichte sehr wohl wußten, daß die ihnen abgeforderte Mühe und Arbeit eine Folge der von Gott bewirkten Veränderungen der Erde war.

Weshalb ist die Erde abnorm? Weil, so könnte man sagen, du, Adam, unprogrammiert und wichtig wie du warst, dich aufgelehnt hast. Die Natur unterstand deiner Herrschaft (war in dem Sinne eine Ausdehnung deines Wesens, wie das Reich eines Königs eine Ausdehnung seines Wesens ist). Daher hat Gott, als du dich verändert hast, die objektive Außenwelt verändert, dir angepaßt. So wie du, ist auch sie jetzt abnorm.

Es fällt auf, daß jede Stufe von Gottes Gericht vermehrte Mühe einschließt: Die Schlange bewegt sich auf dem Bauch; die Frau hat Schmerzen beim Gebären; der Mann hat Mühe bei seiner Arbeit.

Vers 18 führt weiter aus: »Dornen und Disteln soll er dir tragen.« Das Wort *Disteln* bezeichnet hier üppig wachsende, aber nutzlose Pflanzen. Der Satzteil »er soll dir tragen« lautet im Hebräischen wörtlich: »er soll zum Sprossen gebracht werden«. Hier wird eine weitere Verwandlung durch Gottes Machtwort angedeutet. Ferner scheint dieser Satz auf eine Entwicklung hinzudeuten, die die moderne Biologie »Mutation« nennt, also die Entwicklung einer fortpflanzungsfähigen Abart. D. h. die Pflanzen einer bestimmten Art pflanzten sich dieser ihrer Art entsprechend fort, bis Gott sprach und die Pflanzen abartig wurden und sich in der neuen, anderen Form fortpflanzten.

Die nun erforderliche Mühe bedeutet nicht, daß der Mensch vorher nicht zu arbeiten brauchte, denn wie wir in 1 Mo 2,15 gesehen haben, nahm Gott den Menschen und setzte ihn in den Garten Eden »daß er ihn bauete und bewahrete«. Es gab somit Arbeit vor dem Fall, doch wie sehr sie sich nach dem Fall von ihrem Wesen vor dem Einbruch der Sünde unterschied, geht deutlich aus den Worten von 1 Mo 5,29 hervor, wo die Arbeit bezeichnet wird als »unser Hände Arbeit und Mühe, die herrührt von dem Erdboden, den der HERR verflucht hat«. Weil die ganze Struktur der äußeren Welt verändert wurde, hat sich auch der Sinn der Arbeit verändert. So heißt es in 1 Mo 3,19: »Im Schweiße deines Angesichts sollst du dein Brot essen, bis (dieses »bis« ist hier wichtig) daß du wieder zur Erde kehrst, von der du genommen bist; denn du bist Staub und kehrst wieder zum Staub zurück!«

Die Folgen hieraus sind zweifältig. Als erstes wird dem Menschen die Nahrung (und alles andere) nur im Schweiße seines Angesichts zuteil. Zweitens gibt es wohl ein Ende dieses Zustandes — aber ein Ende, das keine Befreiung ist. Das Ende ist die größte Abnormität in der ganzen Außenwelt — der Zerfall des Menschen als ganzheitliches Wesen. Es kommt eine Zeit im Leben jedes Menschen, zu der er physisch stirbt und die Einheit des Menschen — die Einheit von Leib und Seele — zerrissen wird. Das Christentum ist nicht platonisch; die Seele wird nicht als allein wichtig betrachtet. Nein, beim physischen Tod wird die Einheit, als die der Mensch geschaffen ist, zerbrochen. Das ist der zweite durch den Fall verursachte Tod; der erste ist der sofortige Zerbruch der Gemeinschaft mit Gott und der dritte der ewige Tod, wenn die Menschen für immer von Gott getrennt werden.

Das Christentum setzt an den Anfang seines Systems nicht Christus als Retter, sondern den unendlichen persönlichen Gott, der im Anfang die Welt erschuf und den Menschen als im Ablauf der Geschichte und für den Ablauf der Geschichte bedeutsames Wesen machte. Und die gewichtige Tat des Menschen — seine Revolte — hat die Welt abnorm gemacht. Es gibt also keine ungebrochene Kontinuität bis hin zum Urzustand der Welt. Nichtchristliche Philosophen sind fast einstimmig der Auffassung, alles sei normal, d. h. alles sei immer so gewesen wie heute. Der Christ hingegen weiß, daß der ursprüngliche Zustand zerstört worden ist. Das ist natürlich sehr wichtig, um das Böse in der Welt zu erklären. Aber mehr noch: Nur von dieser Voraussetzung aus läßt sich der Unterschied zwischen dem naturalistischen, nichtchristlichen Weltbild (ob es nun in philosophischer, wissenschaftlicher oder religiöser Sprache formuliert sei) und der christlichen Antwort verstehen. Der Unterschied liegt darin, daß ich beim Betrachten meiner Umwelt weiß: Ich lebe in einer abnormen Welt.

Unter den zeitgenössischen Philosophen hat Martin Heidegger in seinen späteren Schriften eine Art von Sündenfall in Raum und Zeit angedeutet. Er erklärt nämlich, in der Zeit vor Aristoteles hätten die vorsokratischen Griechen eine andere Denkmethode verwendet. Als dann Aristoteles das Konzept von Rationalität und Logik eingeführt habe, sei das ein erkenntnistheoretischer Fall gewesen. Heideggers Konzept des Falles hat natürlich keinerlei moralische Anklänge, aber es scheint mir doch aufschlußreich, daß Heidegger offenbar erkannt hat: Die Philosophie kann die Wirklichkeit nicht erklären, wenn sie davon ausgeht, daß die Welt jetzt normal sei. Das lehrt die Bibel schon immer, doch ist ihre Erklärung für die gegenwärtige abnorme Welt der moralische Fall eines verantwortlichen Menschen, ein Fall, der den realen Verlauf der Geschichte verändert hat, wie dies ein erkenntnistheoretischer Fall nie bewirken könnte. So besteht Heideggers Problem darin, daß er zwar einsieht: es muß einen Fall gegeben haben, sich aber nicht vor der Existenz Gottes und vor der uns von Gott gegebenen Erkenntnis beugen will. Daher bleibt er bei einem unzureichenden Fall und einer unzureichenden Antwort stehen.

Trennungen

Die Folgen des Falles lassen sich auch deutlich erkennen, wenn wir die Trennungen betrachten, welche die Sünde hervorruft. Da ist zunächst einmal die große Trennung, die Trennung zwischen Gott und Mensch. Sie steht im Hintergrund aller anderen Trennungen, nicht nur in der Ewigkeit, sondern hier und jetzt. Der Mensch hat nicht mehr die Gemeinschaft mit Gott, für die er geschaffen wurde. Deshalb kann er auch den Zweck seines Daseins nicht erfüllen — Gott mit ganzem Herzen, ganzer Seele und ganzem Verstand zu lieben und als ein endlicher, persönlicher Punkt auf einen unendlich-persönlichen Bezugspunkt bezogen zu sein und mit Gott selbst Gemeinschaft zu haben. Als der Mensch sündigte, verlor er den Sinn seines Lebens. Der moderne Mensch hat recht, wenn er sagt, der Mensch sei tot. Das bedeutet nicht, daß der Mensch nichts ist, sondern daß er nicht länger imstande ist, sein Menschsein zu erfüllen. 1 Mo 3,23-24 macht diese Trennung zwischen Gott und Mensch in einem wirklichen, historischen Sinne klar.

Als Evangelikale neigen wir manchmal dazu, diese erste Trennung zu Lasten aller anderen Trennungen übermäßig zu betonen. Die zweite große Trennung ist die Trennung des Menschen von sich selbst. Der Mensch hat Angst. Er hat psychologische Probleme. Wie ordnet der Christ diese Probleme ein? Er sieht sie vorab als Ausdruck der abnormen Zerrissenheit des Menschen in sich selbst. Die grundlegende Psychose des Menschen ist die Übertragung seiner Trennung von Gott auf seine eigene Persönlichkeit, und das macht sich als Selbstentfremdung bemerkbar. Eines der Symptome ist der Selbstbetrug. Alle Menschen sind Lügner, vor allem aber belügt jeder sich selbst. Der größte Betrug liegt nicht darin, daß wir andere belügen, sondern uns selbst. Ein zweites Symptom ist der Verlust der Fähigkeit, wahre Erkenntnis zu erlangen. Alle menschliche Erkenntnis ist jetzt fragwürdig, weil die Perspektive und der Rahmen des Erkennens falsch sind. Wohl verliert der Mensch nicht alle seine Kenntnis, aber seine Erkenntnis wird nur bedingt der Wirklichkeit gerecht, besonders wenn er aus den Bruchstücken der Erkenntnis, die ihm zugänglich sind, aufs Ganze schließt.

Ein weiteres Symptom der menschlichen Selbstentfremdung ist die Isolierung der Sexualität, deren ursprüngliche hohe Bedeutung als Kommunikationsmittel zwischen zwei Personen weithin verblaßt ist. Die Sexualität verliert ihre persönliche Dimension; Männer und Frauen behandeln einander wie Objekte, die man ausbeuten darf. Im Tod ereignet sich dann die letzte große Selbstentfremdung des Menschen, wenn sich die Seele vom Körper trennt.

Die dritte große Trennung ist die Entfremdung des Menschen vom Mitmenschen, die soziologische Trennung. Wir haben schon gesehen, wie Adam sich von Eva distanzierte. Die beiden versuchten sogleich, dem andern die Schuld für den Fall zuzuschieben. Das signalisiert den Verlust der Möglichkeit, wirklich demokratisch miteinander zu leben. Reine Demokratie ist utopisch. Nicht nur der Mann wurde von der Frau getrennt, sondern auch der Bruder vom Bruder — Kain tötet Abel. Und, wie wir im folgenden Kapitel sehen werden, die Trennung verläuft auch zwischen einer göttlichen und einer gottlosen Linie der Menschen. Die göttliche Linie (die Menschen, die zu Gott zurückgekehrt sind) und die gottlose Linie (die nicht gerettete, in der Auflehnung verharrende Gruppe) bilden zwei Menschheiten. In einem Sinn gibt es natürlich nur eine Menschheit, denn wir haben alle einen gemeinsamen Ursprung: Wir sind ein Blut, ein Fleisch. Und doch zerfällt diese eine Menschheit in zwei Gruppen — die Menschheit, welche in der Auflehnung verharrt, und die Menschheit, welche die Erlösung angenommen hat.

Bald schon kommen wir im Ablauf der Geschichte zum Turm von Babel und damit zur Entstehung der Sprachbarrieren. Die moderne Linguistik hat das ganze Ausmaß der hier entstandenen Probleme deutlich gemacht, indem sie nachgewiesen hat, wie weitverzweigt die Auswirkungen der Sprache sind. Später, nach der Zeit Abrahams, folgt die Trennung von Juden und Nichtjuden. Diese Trennungen (und andere, die damit zusammenhängen) sind wie gigantische Explosionen in den soziologischen Unruhen bis heute, und vielleicht besonders heute.

Die vierte Trennung ist die Entfremdung des Menschen von der Natur und die Spaltung der Natur selbst. Der Mensch hat seine volle Herrschaft verloren, und nun ist die Natur oft ein Mittel des Gerichts. Denken wir nur an die Flut zur Zeit Noahs und die feindliche Natur im Falle Hiobs. Umgekehrt ist der Mensch auch zum Feind, Zerstörer und hemmungslosen Ausbeuter der Natur geworden (vgl. dazu mein Buch »Das programmierte Ende — Umweltschutz aus christlicher Sicht«, Wuppertal/Genf, 2. Aufl. 1975). Auch diese Trennung von Mensch und Natur und von Natur und Natur scheint sich in unserer Zeit auf einen Höhepunkt zuzuspitzen.

Die Sünde des Menschen verursacht alle diese Trennungen zwischen Mensch und Gott, innerhalb des Menschen selbst, zwischen Mensch und Mensch, zwischen Mensch und Natur. Es ist unbestreitbar, daß der Mensch durch seinen Versuch, etwas zu sein, was er als Geschöpf nicht sein konnte, das verspielt hat, was er hätte sein können. In jedem Bereich und in jeder Beziehung haben die Menschen verloren, was der begrenzte Mensch an seinem angemessenen Platz hätte sein können.

Eines aber hat er nicht verloren: sein Menschsein. Der Mensch steht immer noch da als Abbild Gottes — verzerrt, zerbrochen, abnorm und doch Träger von Gottes Bild. Der Mensch hat nicht aufgehört, Mensch zu sein. Wie 1 Mo 9,6 und Jakobus 3,9 bestätigen, sind die Menschen auch nach dem Fall immer noch Wesen im Bilde Gottes. Der moderne Mensch sieht den Menschen nicht als gefallen an, kann aber auch keinen Wert für den Menschen finden. Nach der Lehre der Bibel ist der Mensch zwar gefallen, aber wichtig.

Lassen wir uns nicht beirren: Der Mensch ist immer noch Mensch.

Der unerlöste Maler kann immer noch malen. Der unerlöste Liebende kann immer noch lieben. Der Mensch hat immer noch moralische Empfindungen. Der unerlöste Denker kann immer noch denken, wenn auch oft mit Verzerrungen. Und dazu lebt der Mensch über seinen eigenen Tod hinaus. Er kommt nicht einfach am Ende seines Lebens zu dem Punkt, wo die Uhr stillsteht. Der Mensch hat einen Lebenssinn, er ist wichtig. Seine Geschichte ist nicht nur Schall und Rauch, und wenn er das selbst hundertmal meint.

Beobachten Sie nur einen Menschen, der stirbt. Fünf Minuten später existiert er immer noch. Man kann die Existenz des Menschen nicht auslöschen. Er lebt weiter. Er hat sein Wesen als Mensch nicht verloren. Er hat das, was sein Wesen als Mensch ausmacht, nicht verloren. Er ist weder ein Tier noch eine Maschine geworden. Und wenn ich die ganze Menschheit überblicke und die Verlorenen sehe — die von Gott, von sich selbst, von den anderen Menschen und von der Natur getrennt sind —, so sind sie immer noch Menschen. Der Mensch hat immer noch einen unerhörten Wert.

6. Die beiden Menschheiten

Spaltung und Trennung zerreißen das Gewebe der Gesellschaft. Die Menschheitsgeschichte ist eine einzige Abfolge von Brüchen und Schismen, die alle in der primären Trennung des Menschen von Gott wurzeln. Wir wenden uns nun einigen der frühesten Formen dieser Trennungen im Ablauf der biblischen Geschichte zu.

Dein Same und ihr Same

In 1 Mo 3,15 treffen wir auf einen Aspekt des Fluches nach Adams Rebellion, der sich von allen anderen unterscheidet. Gott spricht hier zu Satan, der die Schlange gebraucht hat: »Und ich werde Feindschaft setzen zwischen dir und dem Weibe und zwischen deinem Samen und ihrem Samen; er wird dir den Kopf zermalmen, und du, du wirst ihm die Ferse zermalmen« (Elberfelder Übersetzung). An dieser Stelle ist aufschlußreich, daß die griechische Übersetzung das männliche Fürwort »er« verwendet (»*er* wird dir den Kopf zermalmen«), obwohl »Same« im Griechischen sächlich ist. Derjenige, der hier verheißen wird, ist eine Person. Eine Person wird Satans Kopf zermalmen und wird dabei verwundet werden.

Denken wir noch etwas weiter über *dein Same und ihr Same* nach — den Samen der Schlange und den Samen der Frau. Der Hinweis auf den »Samen der Frau« ist für den semitischen Sprachgebrauch ungewöhnlich, denn der Mann wird als Träger des Samens verstanden, sowohl im hebräischen als auch in unserem eigenen Denken. Die Nachkommenschaft wird bei Menschen wie bei Tieren vom Vater hergeleitet. Warum wird in diesem Vers der normale Sprachgebrauch durchbrochen? Ist es möglich, daß die hier gewählte Ausdrucksweise schon einen Hinweis auf die Jungfrauengeburt enthält? Wird hier angedeutet, daß bei der Geburt des Messias wohl die Frau beteiligt sein, daß aber die Empfängnis ohne männlichen Samen zustande kommen wird?

Hebräer 2,14 wirft weiteres Licht auf 1 Mo 3,15. Der Schreiber des Hebräerbriefes spricht von Jesus und sagt: »Da nun die Kinder Fleisch und Blut gemeinsam haben, ist er (Jesus) in ähnlicher Weise dessen teilhaftig geworden, damit er durch den Tod den außer Wirksamkeit setzte, der des Todes Gewalt hat, nämlich den Teufel.« Hier wird gezeigt, daß Jesus die Verheißung von 1 Mo 3,15 erfüllt hat, denn es ist der Messias, der den Tod erleiden und durch seinen Tod zugleich den entmachten sollte, der des Todes Gewalt hat, nämlich den Teufel. Durch diesen Tod sollte er »alle diejenigen befreien, welche durch Todesfurcht ihr ganzes Leben hindurch in Knechtschaft gehalten wurden« (V. 15). Diese Auseinandersetzung mit Satan bis zum Tode hat also stellvertretende Bedeutung, und durch diesen Tod sollten die Folgen des Falles überwunden werden. Ebenso besteht eine Beziehung zwischen 1 Mo 3,15 und Hebräer 2,13, die, wie ich meine, nicht zufällig ist — nämlich der Satz, *ich und die Kinder, die Gott mir gegeben hat.* Hier wird ohne Zweifel der stellvertretende Wert des Todes Jesu hervorgehoben. Zugleich werden wir an die wunderbare Stelle von Jesaja 53,10 erinnert: »Aber dem HERRN gefiel es, ihn zu zerschlagen, er ließ ihn leiden. Wenn er seine Seele zum Schuldopfer gegeben hat, so wird er Nachkommen sehen und lange leben; und des HERRN Vorhaben wird in seiner Hand gelingen.« Auch hier wieder: *so wird er Nachkommen (Samen) sehen.* In diesem Sinne also hat Gott Jesus Kinder gegeben. Auch Römer 16,29 ist mit 1 Mo 3,15 verknüpft. Paulus schreibt an die Christen in Rom: »Der Gott des Friedens aber wird den Satan unter euren Füßen zermalmen in kurzem!« Dieser Text bezieht sich auf das zweite Kommen des Herrn Jesus Christus, wenn Gott selbst Satan unter den Füßen der Christen zermalmen wird.

Aus all dem sehen wir, daß Christus in der Tat *der Same* der Frau in 1 Mo 3,15 ist. Und zugleich erwächst ihm durch sein einmaliges Erlösungswerk *ein Same,* der dem Samen Satans widerstehen wird. Und wenn wir dies alles im Zusammenhang sehen, erkennen wir etwas von der großartigen Entwicklung, die die Heilige Schrift beginnend mit 1 Mo 3,15 Schritt für Schritt entfaltet. Christus wird der zweite Adam, der zweite Begründer der Menschheit sein.

Erinnern wir uns, daß Adam, theologisch ausgedrückt, ursprünglich in einem Bund der Werke lebte. Das heißt, er konnte Gott ohne Mittler begegnen. Er brauchte keinen Erlöser. Hätte sich kein Fall ereignet, so gäbe es in der christlichen Theologie keine Heilslehre. Adam stand vor Gott unter dem Bund der Werke. Als dann Jesus kam, vollbrachte er die geforderten Werke. Er erfüllte die Vertragsbedingungen des Bundes der Werke. Aufgrund des Falles und unserer eigenen Sünde können wir nicht mehr im Rahmen dieses Bundes zu Gott kommen. Christus aber vollbrachte das erforderliche Werk für uns in seinem stellvertretenden Tod und wurde dadurch der zweite Adam — der zweite Gründer der Menschheit.

Zwei Arten von Kleidern

In 1 Mo 3,7 erfahren wir, daß Adam und Eva gewahr wurden, daß sie
»nackt« waren; »und sie banden Feigenblätter um und machten sich
Schürzen«. Das, was zuvor ihre große Freude und ihre große Erfüllung gewesen war — in offener Gemeinschaft mit Gott zu leben —,
das wurde nun, als sie Gott gegenübertreten mußten, zum Anlaß der
Furcht, und sie versuchen, sich zu bedecken. Im Vers 21 aber nimmt
Gott diese Bekleidung weg und gibt ihnen Fellkleider: »Und Gott, der
HERR, machte Adam und seinem Weibe Pelzröcke und bekleidete
sie.« Vermutlich wurden hier die ersten Tiere getötet. Damit wird, so
glaube ich, angedeutet, daß der Mensch nicht in seiner eigenen »Bekleidung« vor Gott stehen kann. Vielleicht benötigt er eine Bedeckung
von Gott — eine Bedeckung besonderer Art, die Opfer und Tod vor-
aussetzt und nicht von Menschen, sondern von Gott beschafft wird.
Man sollte diese Interpretation von Vers 21 nicht zum Dogma erheben, aber es ist meine Ansicht, daß dies der Anfang des alttestamentlichen Opfersystems ist, das seinerseits wiederum auf den Einen vor-
ausweist, der Satans Kopf zermalmen würde. Wenn diese Deutung
zulässig ist, dann hat Gott selbst dieses Vor-Bild gegeben, wie er
später die hier vorgeschaltete Wirklichkeit gegeben hat — die Sendung
des Sohnes durch den liebenden Vater.

An dieser Stelle wird auch deutlich, daß der Tod Jesu Christi nicht
ein »späterer Einfall« Gottes ist. Wir dürfen uns Gottes Heilsplan
also nicht so vorstellen, daß Gott sich etwa ums Jahr 100 vor Christus
gesagt hätte: »Was machen wir denn jetzt bloß?« und ihm dann plötzlich die Idee des Todes Christi aufgedämmert wäre. Vielleicht weisen
1 Petrus 1,19-20 und andere Stellen darauf hin, daß der Tod Christi,
»das kostbare Blut Christi als eines unschuldigen und unbefleckten
Lammes, zuvor ersehen war vor Grundlegung der Welt«. Der Tod
Christi, dieses Ereignis in Raum und Zeit, das den gefallenen Menschen erlösen und Gottes Heiligkeit und Liebe voll gerecht werden
konnte, war also schon vor dem Beginn aller Geschichte geplant, von
Ewigkeit her beschlossen.

Die schwerste Trennung

Wir haben einige der zahlreichen infolge des Sündenfalles entstandenen Trennungen betrachtet — die Entfremdung zwischen Gott und

Mensch, zwischen dem Menschen und sich selbst, zwischen Mensch und Mensch, zwischen Mensch und Natur und zwischen Natur und Natur. Die letzte Trennung ist die Trennung zwischen Vater und Sohn, als Jesus am Kreuze starb. All die Trennungen, die durch den Sündenfall des Menschen eintraten, erreichten ihren Höhepunkt, als Jesus, die zweite Person der Dreieinigkeit, zerschlagen und als Stellvertreter mit unseren Sünden beladen, ausrief: »Mein Gott, mein Gott, warum hast du mich verlassen?« (Matthäus 27,46).

Vor diesem Hintergrund können wir die volle Tragweite des Abschnittes aus dem Römerbrief ermessen, den wir im vorherigen Kapitel nur in einzelnen Teilen betrachtet haben. Ich will hier nun den ganzen Abschnitt von Römer 5,12-21 wiedergeben.

Darum, gleichwie durch einen Menschen die Sünde in die Welt gekommen ist und durch die Sünde der Tod, und so der Tod zu allen Menschen hindurchgedrungen ist, weil sie alle gesündigt haben — denn schon vor dem Gesetz war die Sünde in der Welt; wo aber kein Gesetz ist, da wird die Sünde nicht angerechnet. Dennoch herrscht der Tod von Adam bis Mose auch über die, welche nicht mit gleicher Übertretung gesündigt hatten wie Adam, der ein Vorbild des Zukünftigen ist. Aber es verhält sich mit dem Sündenfall nicht wie mit der Gnadengabe. Denn wenn durch des einen Sündenfall die vielen gestorben sind, wieviel mehr ist die Gnade Gottes und das Gnadengeschenk durch den einen Menschen Jesus Christus den vielen reichlich zuteil geworden. Und es verhält sich mit der Sünde durch den einen nicht wie mit dem Geschenk. Denn das Urteil wurde wegen des einen zur Verurteilung; die Gnadengabe aber wird trotz vieler Sündenfälle zur Rechtfertigung. Denn wenn infolge des Sündenfalles des einen der Tod zur Herrschaft kam durch den einen, wieviel mehr werden die, welche den Überfluß der Gnade und der Gabe der Gerechtigkeit empfangen, im Leben herrschen durch den Einen, Jesus Christus! Also: wie der Sündenfall des einen zur Verurteilung aller Menschen führt — so führt auch das gerechte Tun des Einen alle Menschen zur lebenbringenden Rechtfertigung. Denn gleichwie durch den Ungehorsam des einen Menschen die vielen zu Sündern gemacht worden sind, so werden auch durch den Gehorsam des Einen die vielen zu Gerechten gemacht. Das Gesetz aber ist daneben hereingekommen, damit das Maß der Sünden voll würde. Wo aber das Maß der Sünde voll geworden ist, da ist die Gnade überfließend geworden, auf daß, gleichwie die Sünde geherrscht hat im Tode, also auch die Gnade herrsche durch Gerechtigkeit zu ewigem Leben, durch Jesus Christus, unseren Herrn.

Aus diesen Worten geht klar hervor, daß Christus der zweite Adam ist, der zweite »Stammvater« der Menschheit. Er tritt an die Stelle, wo Adam versagt hat, in den Bund der Werke ein.

Das entspricht genau der Verheißung von 1 Mo 3,15: »Und ich werde Feindschaft setzen zwischen dir und dem Weibe und zwischen deinem Samen und ihrem Samen; er wird dir den Kopf zermalmen und du wirst ihm die Ferse zermalmen« (Elberfelder Übersetzung). Schon hier haben wir die Verheißung von Christi Tod — die erste Verheißung — unmittelbar nach der Rebellion und dem Fall. Der Tod Christi wird somit als die Aufhebung aller vorher erwähnten Trennungen dargestellt.

Weil der Tod Christi unendlichen Wert hat, werden diese Trennungen bei seinem zweiten Kommen restlos aufgehoben. Die Bibel sagt aber ebenso, daß schon im jetzigen Leben aufgrund des vergossenen Blutes unseres Herrn Jesus Christus eine durch den Glauben und die Kraft des Heiligen Geistes bewirkte substantielle Heilung all dieser Trennungen eintreten kann und soll. Francis Bacon (1561—1626) hat in seinem *Novum Organum Scientiarum* hierauf verwiesen. Ich habe den Passus schon in anderen Büchern angeführt, aber er gehört auch hierher: »Durch den Sündenfall hat der Mensch sowohl seine Unschuld, als auch die Herrschaft über die Natur verloren. Dieser doppelte Verlust kann in diesem Leben schon in einem gewissen Maße aufgehoben werden, der erste durch Religion und Glauben, der letztere durch die Künste und Wissenschaften.« Das sollte die Lebensauffassung des Christen sein. Ein Christ, der die Abnormität der Natur versteht, kann ganz bewußt Kunstfertigkeit und Wissenschaft substantiell an Gott ausliefern. Und er wird in diesem Leben schon eine substantielle Aufhebung der Trennung zwischen Mensch und Natur sehen, bis diese dann, beim zweiten Kommen Jesu, vollkommen und vollendet sein wird.

Wenn wir somit im Ablauf der Geschichte bis zu 1 Mo 3,15 gekommen sind, stellen wir fest, daß der Bund der Werke (mit Ausnahme des Werkes Christi) hinfällig geworden ist. Von diesem Zeitpunkt an gilt der Bund der Gnade. Von hier an bis zum letzten Menschen, der je vom Tode zum Leben gelangen wird, kann der Mensch nicht mehr aufgrund seiner eigenen Werke zu Gott kommen. Es mag gut sein, dies einmal in der ersten Person Einzahl zu sagen: Ich kann nicht mit meinen eigenen Werken kommen. Ich kann nur unter Berufung auf das vollendete Werk Christi kommen. Ich kann nur aufgrund des Gnadenbundes kommen, dessen Rechte ich jetzt als unverdiente Gabe empfange.

Wir können dies auch anders ausdrücken. Vor dem Fall konnte Adam zu Gott kommen, indem er sich nur in einer Hinsicht beugte — als Geschöpf vor dem Schöpfer. Jetzt aber, nach dem Fall Adams, müssen wir uns zweimal beugen — als Geschöpfe vor dem Schöpfer und als Sünder, die durch Jesu Werk vor einen heiligen Gott treten.

Annehmbarer und unannehmbarer Gottesdienst

Bei unserer Beschäftigung mit dem Ablauf der Geschichte haben wir bisher zwei große Abschnitte behandelt: Den anfänglichen Zustand, als alles gut war, und den Einbruch der durch den Sündenfall bewirkten Abnormität. Den dritten großen Abschnitt bildet der annehmbare und der unannehmbare Gottesdienst nach dem Fall.

Wir lesen in 1 Mo 4,1: »Und Adam erkannte sein Weib Eva; sie aber empfing und gebar den Kain. Und sie sprach: Ich habe einen Mann bekommen mit der Hilfe des Herrn!« Hier wird das erste Menschenkind geboren. Welch ein Wunder muß es für Eva gewesen sein, plötzlich ein kleines Kind aus ihrem eigenen Leib in den Armen zu halten. Man kann sich ihr Staunen vorstellen, als sie es anschaute: »Schau nur, es ist ganz wie Adam! Ich habe einen Mann bekommen mit der Hilfe des Herrn!«

Ob ihr dabei wohl die Verheißung von 1 Mo 3,15 eingefallen ist? Mit Sicherheit können wir das natürlich nicht sagen, aber vorstellen können wir uns wohl, daß sie zu sich selbst sagte: »Vielleicht wird dieser die Probleme lösen, die wir verursacht haben?« Als Christen, die wir das Neue Testament besitzen, können wir den Kontrast zu Maria sehen, der dann der »Same des Weibes« wirklich durch die Jungfrauengeburt geschenkt wurde. In Hebräer 12,24 wendet sich der Schreiber an Menschen, die nach der Zeit Jesu leben, und erinnert sie daran, daß sie »gekommen sind zu Jesu, dem Mittler des neuen Bundes, und zu dem Blut der Besprengung, das Besseres redet als Abels

Blut«. In 1 Mo 4,10 hatte Gott gesagt, daß Abels Blut von der Erde schreie, weil Kain ihn umgebracht habe. Es war der Schrei des ersten Brudermordes, bewirkt durch die auf den Sündenfall folgende zwischenmenschliche Entfremdung. Das Blut Christi ist die Lösung.

Hier, in 1 Mo 4,1, hat Eva Kain jedoch eben erst geboren! Sollte sie gemeint haben, dieses Kind werde einmal die Probleme des Sündenfalles lösen, täuschte sie sich schrecklich. In natürlicher Weise geboren, wird Kain auch nur die Taten der gefallenen Rasse hervorbringen. Ein Retter? Keineswegs; er wird sogar seinen Bruder töten. Welch ein Unterschied zwischen diesem erstgeborenen Kind und Christus!

1 Mo 4,2 berichtet von der Geburt des zweiten Kindes: »Und weiter gebar sie seinen Bruder Abel.« Mit dem Heranwachsen der beiden kommen wir nun zu der Frage des annehmbaren und des unannehmbaren Gottesdienstes diesseits des Sündenfalles: »Es begab sich aber nach Verfluß von Jahren, daß Kain dem HERRN ein Opfer brachte von den Früchten der Erde. Und Abel, auch er brachte (dar) von den Erstgebornen seiner Schafe und von ihren Fettesten. Und der HERR sah an Abel und sein Opfer; aber Kain und sein Opfer sah er gar nicht an. Da ergrimmte Kain sehr und ließ den Kopf hängen« (V. 3-5).

Hebräer 11,4 zeigt uns, worum es ging: »Durch Glauben brachte Abel Gott ein größeres Opfer dar als Kain.« Der Unterschied bestand darin, daß Abels Opfer im *Glauben* dargebracht wurde.

Was damit gemeint ist, macht Römer 4 klar, wo ein solcher Glaube am klarsten beschrieben ist: »Abraham aber glaubte Gott, und das wurde ihm zur Gerechtigkeit angerechnet« (Römer 4,3). So beschreibt Gott den Glauben. Im totalen Gegensatz zum Kierkegaardschen Sprung ins Leere gab Gott Abraham eine spezifische, verständliche Verheißung, und Abraham glaubte Gott. Mit anderen Worten: Abrahams Glaube hatte einen festumrissenen Inhalt.

Mit wieviel Inhalt der Glaube Abels gefüllt war, wissen wir nicht, doch sollten wir uns vor Augen halten, daß die Bibel uns nicht einmal sagt, woher er überhaupt wußte, in welcher Form ein Opfer darzubringen sei. Das ist übrigens nicht ungewöhnlich; in der Genesis erfahren wir häufig erst nachträglich und indirekt, daß Gott den Menschen bestimmte Informationen gegeben haben muß — dann nämlich, wenn jemand diesen Informationen entsprechend handelt. Denken wir etwa an die reinen und unreinen Tiere zur Zeit Noahs (1 Mo 7,2) oder an Abraham, der den Zehnten abliefert (1 Mo 14,20). So ist hier klar, daß Abel etwas über Opfergaben wußte, auch wenn die Bibel uns nicht sagt, wie es zu dem Wissen gekommen war. Wir können uns fragen, ob die Eltern Abel etwas von der Verheißung von 1 Mo 3,15 und von der Fellbekleidung erzählt haben. Nun, eine solche Überlegung ist nichts als Spekulation, gewiß aber ist das eine: Von dieser Zeit an kannte und praktizierte man Opfer, und das Neue Testament verbindet dieses Opferwesen mit dem Opfer Christi.

In diesem Zusammenhang fallen uns die Worte Johannes des Täufers ein, der ja (obwohl im Neuen Testament erwähnt) der letzte Prophet des Alten Bundes ist. Als Jesus sein öffentliches Wirken begann, geschah nach dem Bericht eines der Evangelisten folgendes: »Am folgenden Tag sieht Johannes Jesus auf sich zukommen und spricht: Siehe, das Lamm Gottes, welches die Sünde der Welt hinwegnimmt« (Joh 1,29). Es ist auffallend, daß Johannes der Täufer seinen Worten keine Erklärung beifügt. Das war nicht erforderlich, denn die Juden verstanden vom Alten Testament her die Bedeutung dieser Aussage.

In 1 Korinther 5,7 bezeichnet Paulus in derselben Weise Christus als unser Passalamm und setzt das Verständnis ohne besondere Erklärung voraus. Der Hebräerbrief zeigt wiederholt die Parallelen zwischen dem Tod Christi und den alttestamentlichen Opfern. So zum Beispiel Hebräer 7,26: »Denn ein solcher Hohepriester geziemte uns, der heilig, unschuldig, unbefleckt, von den Sündern abgesondert und höher als der Himmel ist, der nicht wie die Hohenpriester täglich nötig hat, zuerst für die eigenen Sünden Opfer darzubringen, darnach für die des Volkes; denn das hat er ein für allemal getan, indem er sich selbst zum Opfer brachte.« Und wie wir schon gesehen haben, weist Offenbarung 5,11-12 auf Jesus als das Lamm Gottes hin, das geschlachtet wurde und würdig ist, Macht und Ehre zu empfangen.

Die Geschichtlichkeit von Kain und Abel

Wie Adam und Eva behandelt das Neue Testament auch Kain und Abel als geschichtliche Persönlichkeiten. So lesen wir in 1. Johannes 3,12: »Nicht wie Kain, der von dem Argen war und seinen Bruder erschlug! Und warum erschlug er ihn? Weil seine Werke böse waren, die seines Bruders aber gerecht.« Und Judas 11 wiederholt dasselbe: »Wehe ihnen, denn sie sind den Weg Kains gegangen ...« Wir dürfen hier nicht übersehen, daß in beiden Fällen nicht nur die Geschichtlichkeit Kains vorausgesetzt, sondern auch eine über das geschichtliche Faktum hinausgehende Folgerung gezogen wird. Im Ablauf der Geschichte gibt es eine *Linie Kains,* der wir uns nicht anschließen sollen. Genauso wird Abel in Hebräer 11,4 in einer Folge von historischen Personen erwähnt, der Linie des Glaubens, der wir uns anschließen sollen. Ja, da Abel als der erste dieser Linie erwähnt ist, können wir sie zu Recht die *Linie Abels* nennen.

So wird dem Weg Kains der Weg Abels gegenübergestellt, und dieser Kontrast wird in 1 Mo 4,6-7 beschrieben: »Da sprach der HERR zu Kain: Warum bist du so zornig und lässest den Kopf hängen? Ist's nicht also: Wenn du gut bist, so darfst du dein Haupt erheben? Bist du aber nicht gut, so lauert die Sünde vor der Tür, und ihre Begierde ist auf dich gerichtet; du aber herrsche über sie!« Manche ziehen an dieser Stelle die mögliche Übersetzung *Sündopfer* anstelle von *Sünde* vor. Jedoch ist, wie man auch Einzelheiten dieses schwierigen Verses übersetzen mag, der zentrale Gedanke klar. Gott sagt: »Warum läßt du den Kopf hängen, Kain? Du kannst immer noch angenommen werden. Du hast wohl einen Fehler gemacht, aber es gibt einen Ausweg.« Ich habe den Eindruck, daß Gott Kain auffordert, umzukehren und das zu tun, was er von vornherein hätte tun sollen. Hätte er diese Chance zum annehmbaren Gottesdienst ergriffen, dann wäre die Rebellion (jedenfalls seine persönliche Rebellion) auf der Stelle zu Ende gewesen. Statt dessen tat er etwas anderes: »Da redete Kain mit seinem Bruder Abel. Es begab sich aber, als sie auf dem Felde waren, da erhob sich Kain wider seinen Bruder Abel und schlug ihn tot« (V. 8). Anstatt umzukehren, tat er entsetzliches Unrecht.

Von nun an erkennen wir, wie die Linien auseinanderlaufen — der Weg Kains und der Weg Abels. Wie wir vorher sahen, ist die Trennung zwischen Mensch und Mensch schon eingetreten, als Adam und Eva versuchten, sich gegenseitig die Schuld zuzuschieben. Jetzt aber ist die Trennung noch verschärft durch den Gegensatz von annehmbarem und unannehmbarem Gottesdienst. Von nun an gibt es zwei Menschheiten — die Menschengruppe, die in doppelter Beugung zu Gott kommt, und die Menschengruppe, die den Weg Kains befolgt. Die zwischenmenschliche Entfremdung trennt sogar Brüder. Die Liebe, die zwischen gleichwertigen Wesen, von Gott und im Bilde Gottes geschaffen, herrschen sollte, ist in Haß und Totschlag umgeschlagen.

Dabei ist bemerkenswert, daß dieser Mord, wie uns das Neue Testament zeigt, durch den Unglauben ausgelöst wurde.

»Da sprach der HERR zu Kain: Wo ist dein Bruder Abel? Er sprach: Ich weiß es nicht! Soll ich meines Bruders Hüter sein? Er aber sprach: Was hast du getan? Die Stimme des Blutes deines Bruders schreit zu mir von der Erde« (1 Mo 4,9-10). Das Blut Abels redet und schreit nach Gericht und Gerechtigkeit, und dieser Schrei hallt durch die Geschichte bis in die Offenbarung, wo die Märtyrer sagen: »Wie lange, o Herr, du Heiliger und Wahrhaftiger, richtest du nicht und rächst nicht unser Blut an denen, die auf Erden wohnen?« (Offb. 6,10).

Abels Blut schreit: »Gericht! Gericht!« Und Gott muß richten, weil er ein heiliger Gott ist. Würde er hier die Achseln zucken und zur Tagesordnung übergehen, so gäbe es keinen absoluten ethischen Bezugspunkt im Weltall. Doch zum Glück erschließt der Hebräerbrief eine weitere Dimension dieses Ereignisses. Es gibt eine andere Möglichkeit der Gerechtigkeit, deren Grund das in der Geschichte vergossene Blut Christi ist. Dieses Blut »redet Besseres als Abels Blut« (Heb 12,24). Das Blut Jesu geht über die Gerechtigkeit hinaus und bietet Barmherzigkeit an. Es ruft allen, die hören wollen, aufgrund von Jesu Tod »Erlösung!« zu.

Die Kultur der gottlosen Linie

In 1 Mo 4,11-24 wird die sich schrittweise entwickelnde Kultur der gottlosen Linie beschrieben. Da der Mensch nach wie vor wirklich Mensch ist, kann er eine Kultur aufbauen. Doch trägt diese Kultur eine negative Prägung, es ist eine Kultur ohne den wahren Gott.

Wir müssen hier, nebenbei bemerkt, beachten, daß die Verse 11-24 ebensowenig eine Chronologie darstellen, wie die Genealogien der göttlichen Linie, die mit Vers 25 beginnen. Vielmehr entsprechen diese Abschnitte genau der literarischen Form, die durchweg in der Genesis zu finden ist: Die unwichtigen Teile (hier die gottlose Linie) werden kurz gefaßt und beiseite geräumt, so daß die wesentlichen Teile (die göttliche Linie) ausführlicher behandelt werden können. Wir wissen daher nicht, wieviel Zeit bis zu den Ereignissen von Vers 24 vergangen ist. Vers 24 muß auch nicht unbedingt Vers 25 zeitlich unmittelbar voraufgehen, denn der Vers 24 beschreibt das Ende der gottlosen Linie, während Vers 25 den Anfang der gottgläubigen Linie aufgreift.

Die Verse 23 und 24 beschreiben in vollendeter Weise die gottlose, humanistische Kultur aller Zeiten: »Und Lamech sprach zu seinen Weibern: ›Ada und Zilla, hört meine Stimme, ihr Weiber Lamechs, vernehmt meinen Spruch! Einen Mann erschlug ich, weil er mich verwundet, einen Jüngling, weil er mich geschlagen hat.‹« Oder in über-

tragenem Sinne: »Weil ein Mann mich verletzte, habe ich's ihm heim-
gezahlt. Ich habe ihn einfach erschlagen.« Sehen wir nur, was Lamech
getan hat! Ist es nicht schrecklich? »O ihr Frauen, hört beide einmal
her: Dieser Kerl hat mich angegriffen. Ich nahm ihn mir vor. Ich
schlug ihn zu Tode.« »Wenn Kain siebenfach gerächt wird, dann Lamech siebenundsiebzigfach.« Hier ist humanistische Kultur ohne Gott.
Da ist nichts als Egoismus und Stolz des Menschen; diese Kultur hat
nicht nur das Konzept von Gott verloren, sondern ebenso das Konzept
des Menschen, der Bruderliebe übt.

Die Kultur der gottgläubigen Linie

1 Mo 4,25 greift die gottgläubige Linie auf: »Und Adam erkannte sein
Weib abermals; die gebar einen Sohn und nannte ihn Seth; denn Gott
hat mir für Abel einen andern Samen gesetzt, weil Kain ihn umgebracht
hat.« Somit nimmt Seth nun Abels Platz als Träger der gläubigen
Linie ein. »Und auch dem Seth wurde ein Sohn geboren, den hieß er
Enosch. Damals fing man an, den Namen des HERRN anzurufen.«
Oder, als andere, mögliche Wiedergabe: »Die Menschen begannen,
sich bei dem Namen des Herrn zu nennen.« In anderen Worten, an
dieser besonderen Stelle bezeichnet die gottgläubige Linie sich selbst
mit dem Namen Gottes, genau so, wie die Christen später durch den
Namen Christi bezeichnet wurden. In beiden Fällen übernehmen die
Menschen den Namen dessen, dem sie nachfolgen.

Wir erfahren zudem in 1 Mo 5,3, daß Adam bei der Geburt von
Seth 130 Jahre alt war. Demzufolge war zwischen der Schöpfung des
Menschen und dem Sündenfall keine lange Zeit verflossen, weil die
Spanne bis zur Geburt des Seth nur 130 Jahre umfaßt.

Zum Schluß möchte ich auf drei Punkte hinweisen. Erstens haben
Adam und Eva die Möglichkeit verworfen, aufgrund eines Bundes
der Werke zu Gott zu kommen. Von da an beruhte der einzige Weg,
auf welchem die Menschen zu Gott kommen konnten, auf dem Boden
des Gnadenbundes. Dabei war in diesem Bund das Werk nicht ausgeschlossen, aber es handelt sich jetzt um das Werk Christi und nicht
des Menschen. Das trifft sowohl für die Menschen des Alten Testamentes zu, welche vorausblickten auf das geschichtliche Geschehen des
Werkes Christi (wobei die Verheißung im Laufe der Zeit immer mehr
präzisiert wurde), als auch für uns, die wir auf den in der Geschichte
erfolgten Tod Christi als Erlöser zurückblicken.

Somit steht seit Kain jeder Mensch in der Welt entweder am Platze Kains oder am Platze Abels. Von diesem Zeitpunkt an gibt es im Strom der Geschichte zwei »Menschheiten«. Die eine »Menschheit« erklärt, es gäbe keinen Gott, oder sie macht sich Götter nach eigener Vorstellung, oder sie versucht, auf einem selbst gewählten Weg zum wahren Gott zu kommen. Die andere »Menschheit« kommt zum wahren Gott auf Gottes Weg. Dazwischen gibt es keinen neutralen Boden.

Zweitens hätte der Messias, soweit es die Verheißung von 1 Mo 3,15 bestimmt, aus irgendeinem Teil der Menschheit kommen können. Mit Seth haben wir eine erste Verengerung der Verheißung. Von hier an wird diese Linie den Messias hervorbringen.

Drittens sehen wir beim Betrachten der Ermordung Abels durch Kain ein erschreckendes Fehlen von Liebe, die doch zwischen Menschen als gleichwertigen Geschöpfen existieren sollte — nicht nur, weil sie leibliche Brüder waren, obwohl dies das Geschehen um so entsetzlicher macht, sondern ganz einfach, weil sie gleichermaßen von Gott erschaffen waren. Sie waren vom selben Fleisch, vom selben Blut, von einer Art, von einer Rasse. Im Gegensatz zu Kain sollten wir Christen, die wir den Samen darstellen, der Christus durch sein stellvertretendes Werk zuteil geworden ist, im gegenwärtigen Leben die Wiederherstellung von Bruderschaft und Liebe beweisen. Dazu ist der Christ berufen. Wir sollen das Gegenteil des Mörders Kain sein. Wenn wir die zweite Menschheit geworden sind, wenn wir wirklich unter das Blut des zweiten »Stammvaters der Menschheit«, des zweiten Adams, gekommen sind, dann sollten die Menschen, wenn sie uns inmitten der Nachkommen der Linie Kains sehen, bei uns eine Umkehrung von Kains Haltung wahrnehmen. Dies sollte nicht nur in unserem privaten Tun, sondern in unserer ganzen Kultur sichtbar werden.

Die Bibel beschreibt ganz deutlich, wer in dieser Bruderschaft steht. In Matthäus 12,47-50 kamen Jesu leibliche Mutter und Brüder zu ihm, als er zum Volke sprach. »Da sprach einer zu ihm (Jesus): Siehe, deine Mutter und deine Brüder stehen draußen und suchen mit dir zu reden.« Jesus aber weist darauf hin, daß die rein physische Verwandtschaft nicht das Zentrale ist: »Wer ist meine Mutter, und wer sind meine Brüder? Und er streckte seine Hand aus über seine Jünger und sprach: Seht da, meine Mutter und meine Brüder! Denn wer den Willen tut meines Vaters im Himmel, der ist mir Bruder, Schwester und Mutter!« Hier ist also die Bruderschaft. Dasselbe wird in Matthäus 23,8 herausgestellt, wo Jesus seine Jünger belehrt: »Ihr aber sollt euch nicht Rabbi nennen lassen, denn einer ist euer Meister, Christus; ihr aber seid alle Brüder.« Somit besteht aufgrund des Werkes Christi eine neue Menschheit, und diese neue Menschheit soll die »Geschwister in Christus« als Geschwister und alle Menschen als die Nächsten lieben.

Wir wissen seit langem, daß die Menschen in einer Beziehung der Liebe miteinander leben sollten. Wie 1 Johannes 3,11-12 sagt: »Denn das ist die Botschaft (oder das Gebot), die (das) ihr von Anfang an gehört habt, daß wir einander lieben sollen.« Johannes macht klar, daß dieses Gesetz nicht erst von Mose stammt, sondern aus der Zeit, da Gott die Menschen als Menschen schuf. »Nicht wie Kain, der von dem Argen war und seinen Bruder erschlug«: Hier ist der Gegensatz. Als Christen sind wir berufen, die Linie Kains zu verlassen und die gegenteilige Richtung einzuschlagen. Die Welt sollte auf uns blicken und eine Liebe sehen können, welche zunächst alle geistlichen Schwestern und Brüder einschließt, sich aber ebenso (wie im Gleichnis des Guten Samariters geboten) auf alle Menschen erstreckt.

Evangelisation ist ein Auftrag, aber nicht der erste Auftrag. Gemeindebildung ist ein Auftrag, aber nicht der erste Auftrag. Der erste Auftrag der Christen ist der, von der Linie Kains auf die Linie Abels zu wechseln; aufgrund des vergossenen Blutes des Lammes Gottes zum ersten Gebot zurückzukehren und Gott zu lieben, die Brüder zu lieben und den Nächsten wie sich selbst zu lieben.

Abraham war ein Mann des Glaubens, ein Gottesmann, der in einer bestimmten Lage ein vollkommenes Beispiel gibt, wie man im Gegensatz zu der Linie Kains in der Linie Abels stehen kann. Als er seinem Neffen Lot in einer gespannten Lage gegenüberstand, sagte Abraham: »Es soll doch nicht Zank sein zwischen mir und dir, zwischen meinen Hirten und deinen Hirten! Denn wir sind Brüder« (1 Mo 13,8). Abraham hielt sich genau an der Stelle, wo alle jene stehen sollten, die Kinder Gottes geworden sind. Dabei ist festzuhalten, daß dies etwas kostete. Abraham sprach zu Lot: »Steht dir nicht das ganze Land offen? Trenne dich von mir! Willst du zur Linken, so gehe ich zur Rechten; und willst du zur Rechten, so gehe ich zur Linken.« Abraham bezahlte einen enormen Preis. Er handelte im totalen Gegensatz zu Kain. Er überließ einem jüngeren Mann die erste Wahl des Weidelandes. Abraham bezahlte den Preis der Liebe und stand damit im Geist der göttlichen Linie. Zu allen Zeiten und in jeder Lage ist dies der Platz des Christen.

7. Noah und die Sintflut

Die Geschichte nimmt ihren weiteren Verlauf, nachdem Adam und Eva ihre Richtung verändert und Kain und Abel die Menschheit geteilt haben. Die Geschichte der geteilten Menschheit entfaltet sich und folgt den beiden Linien, deren Beginn in 1 Mo 4,16-24 (Linie Kains) und in 1 Mo 4,25-5,32 (Linie Seths) beschrieben ist. In dem diesen Geschlechtsregistern folgenden Bericht begegnen wir einer Welt, in welcher der moralische Zerfall die Gesellschaft so sehr durchdringt, daß in der Gott treuen Linie schließlich nur noch ein Mann übrigbleibt. Doch verfolgen wir den biblischen Bericht der Reihe nach.

»Und er starb«

In 1 Mo 5, wo mit der Erblinie von Seth begonnen wird, liegt die Betonung durchwegs auf dem Lebensende jedes einzelnen genannten Mannes. So endet Vers 5 in bezug auf Adam mit »und er starb«. Ebenso enden die Verse 8, 11, 14, 17, 20, 27 und 31, wo Seth, Enosch, Kenan, Mahalaleel, Jared, Methusalah und Lamech aufgezählt werden, mit den Worten »und er starb«. Wenn wir diesen Stammbaum verfolgen, werden wir also ständig daran erinnert, daß wir in einer abnormen Welt leben; weil der Mensch sich aufgelehnt hat, sind die Dinge nicht so, wie Gott sie ursprünglich schuf. Doch gibt es erstaunlicherweise eine Ausnahme. Vers 24 berichtet: »Und Henoch wandelte mit Gott und war nicht mehr, weil Gott ihn zu sich genommen hatte.« Sowohl Vers 22 als auch Vers 24 enthalten den ersten Satzteil *und Henoch wandelt mit Gott* und bestätigen, daß Henoch in der Tat ein Gottesmann war. Derselbe Ausdruck erscheint auch in 1 Mo 6,9 in bezug auf Noah. Über Henoch wird aber etwas besonderes angeführt: »Er war nicht mehr, weil Gott ihn zu sich genommen hatte.«

Hebräer 11,5 gibt eine zusätzliche Information: »Durch Glauben wurde Enoch entrückt, so daß er den Tod nicht sah, und er wurde nicht mehr gefunden, weil Gott ihn entrückt hatte; denn vor seiner Entrückung wurde ihm das Zeugnis gegeben, daß er Gott wohlgefallen habe.« Über eine ähnliche Entrückung, nämlich von Elia, wird in 2 Könige 2 eingehend berichtet. Enoch und Elia sind als Ausnahme zu Gott entrückt worden, ohne zu sterben.

1 Mo 5 wirft eine sehr wichtige Frage auf. Sind die alttestamentlichen Genealogien als Chronologien aufzufassen? Vor der Jahrhundertwende behaupteten William Greene am Princeton Theological Seminary und nach ihm Benjamin B. Warfield, daß die Genealogien in der Genesis nicht als Chronologien aufzufassen seien. Diese Theologen mußten zwar einen großen Teil ihrer Arbeit darauf verwenden, die Angriffe der liberalen Theologie auf die biblische Geschichte abzuwehren, doch ihre Auffassung, daß diese Genealogien keine Chronologien sind, wird m. E. von der Heiligen Schrift selbst gedeckt.

Als erstes stellen wir fest, daß die Reihenfolge der aufgeführten Namen nicht immer der chronologischen Abfolge entspricht. In 1 Mo 5,32 lesen wir: »Und Noah war 500 Jahre alt, da er den Sem, Ham und Japhet zeugte.« Aus dieser Stelle könnte man schließen, daß Sem der älteste, Japhet der jüngste der drei Brüder war. In 1 Mo 9,24 aber wird uns gesagt, daß »Noah von dem Wein erwachte und erfuhr, was ihm sein *jüngster* Sohn getan hatte«. Dies bezieht sich auf Ham. Ebenso könnte man beim Lesen von 2 Mo 2 annehmen, Mose sei der älteste Sohn gewesen. 2 Mo 7,7 zeigt aber, daß Aaron in Wirklichkeit 3 Jahre älter war. Folglich sind diese Stellen zwar inhaltlich zutreffend, doch ging es den Schreibern nicht um Chronologie. Ohne Zweifel wurde Sem als erster erwähnt, weil er im biblischen Geschichtsablauf der Wichtigste war. Die Schreiber verfolgten das Ziel, den Verlauf der Geschichte darzustellen (und darum geht es auch in diesem Buch), die Ursprünge festzuhalten, besonders die der Juden, für welche diese Fragen äußerst wichtig waren, wie wir noch sehen werden. Die Bibel täuscht uns nicht, sondern macht selbst klar, daß die Genealogien nicht als chronologische Darstellungen gemeint sind.

Einen zweiten Grund, die Genealogien nicht als Chronologien aufzufassen, finden wir an mehreren Stellen, wo die Schreiber offensichtlich die Chronologie kannten und doch willentlich in ihrem Geschlechtsregister mehrere Stufen übersprangen. Wenn wir zum Beispiel 1 Chron 6,3-14 mit Esra 7,2 vergleichen, so entdecken wir, daß Esra, obwohl Schriftgelehrter und sicher bestens informiert, in der Ahnentafel mehrere Namen ausließ. Und nicht nur das, es scheint auch, daß er zwei Namen hinzugefügt hat, die in der Genealogie von 1 Chronika fehlten. Freilich mögen einige dieser Leute, wie es in der alttestamentlichen Geschichte öfters vorkommt, unter mehreren Namen bekannt gewesen sein; auch sind Abschreibfehler späterer Abschreiber nicht ausgeschlossen. Trotzdem ist hier anzunehmen, daß Esra gewisse Namen absichtlich beiseite ließ.

Ein anderes, noch erstaunlicheres Beispiel von der Art und Weise, wie die Juden mit ihren Genealogien umgingen, bietet 1 Chro 26,24. Hier lesen wir: »Schebuel, der Sohn Gersoms, des Sohnes Moses (war) Fürst über die Schätze.« Schebuel lebte zur Zeit Davids (etwa 1000 v. Chr.) und bekleidete aufgrund seiner Ahnenlinie ein wichtiges Amt. Interessant ist nun, daß Gersom ein leiblicher Sohn Moses ist, während zwischen ihm und dem nächsten Mann, Schebuel, mindestens 400 Jahre liegen. Hier wird ohne Zweifel eine große Zahl von Jahren und Zwischengliedern übersprungen. All dies weist darauf hin, daß solche Angaben den Verlauf der »offiziellen« geschichtlichen Linie zeichnen wollen. Die beabsichtigte Aussage ist: »Dieser Mann stammt aus diesem oder jenem Haus.«

Einen weiteren klaren Fall finden wir beim Stammbaum Jesu im Matthäus-Evangelium. So lesen wir in Matth 1,8: »Asa zeugte den Josaphat, Josaphat zeugte den Joram, Joram zeugte den Usia.« Wenn wir aber auf das Alte Testament zurückgreifen, stellen wir fest, daß Matthäus den Vater, den Großvater und den Urgroßvater Usias übersprungen hat (siehe 1 Chron 3,11-12; hier wird Usia Asarja genannt). Das wesentliche Anliegen ist hier, die korrekte Ahnenliste Jesu festzuhalten, wobei die Chronologie zweitrangig ist.

Vor der Zeit Abrahams gibt es keine Möglichkeit, die biblische Geschichte zu datieren. Erst nach Abraham läßt sie sich aufgrund ihrer Berührungspunkte mit zeitlich bestimmbaren Ereignissen der Weltgeschichte datieren. Wo die Bibel auf Ereignisse und Genealogien aus der Zeit vor Abraham verweist, verwendet sie diese frühen Ahnenfolgen nie als Chronologie. In keinem Fall addiert sie die Zahlen, um Daten festzulegen.

Es gibt einen dritten triftigen Grund, der zeigt, daß diese Genealogien nicht als Chronologie aufzufassen sind. Wenn sie es nämlich wären, müßten Adam, Henoch und Methusalah Zeitgenossen gewesen sein, und das ist höchst unwahrscheinlich. Dann wäre es nämlich seltsam, daß die Bibel nichts über ihre Beziehung zueinander aussagt. Die Dinge liegen nach der Sintflut noch deutlicher auf der Hand; wenn hier die Genealogien Chronologie wären, hätten alle nachsintflutlichen Generationen, einschließlich Noahs, noch gelebt, als Abraham schon 50 Jahre alt war. Das scheint wirklich undenkbar. Auch hätten Sem, Schelach und Eber Abraham überlebt, Eber hätte sogar noch gelebt, als Jakob bei Laban diente. Ganz offensichtlich paßt das nicht in die biblische Geschichte hinein. Wir werden uns bei der Betrachtung von 1 Mo 10-11 dazu weitere Gedanken machen, hier aber können wir schon nachdrücklich sagen, daß die Bibel uns keinen Anlaß gibt, die Genealogien der Schrift als Chronologie zu verwenden.

Die Söhne Gottes und die Töchter der Menschen

1 Mo 6,1-2 wirft eine Frage auf, mit der sich die Menschen schon viele Jahre auseinandergesetzt haben: »Als sich aber die Menschen zu mehren begannen auf Erden und ihnen Töchter geboren wurden, sahen die Söhne Gottes, daß die Töchter der Menschen schön waren und nahmen sich von allen diejenigen zu Weibern, welche ihnen gefielen.« Das Problem liegt in dem Ausdruck *die Söhne Gottes,* denn diese Worte können sich auf zweierlei beziehen; sie können entweder (1) die gottgläubige Linie derer bezeichnen, die sich nach dem Namen des Herrn benannten (wie in 1 Mo 4,26) oder (2) Engel (wie in Hiob 1,6). Die Frage wird noch weiter kompliziert durch eine Stelle im Judasbrief, die sich hierauf zu beziehen scheint. In den Versen 6-7 heißt es: »Und daß er die Engel, welche ihr Fürstentum nicht bewahrten, sondern ihre eigene Behausung verließen, für das Gericht des großen Tages mit ewigen Banden unter der Finsternis verwahrt hat; wie Sodom und Gomorra und die umliegenden Städte, die in gleicher Weise wie diese die Unzucht bis aufs äußerste trieben und anderem Fleisch nachgingen, nun als Beispiel vor uns liegen, indem sie die Strafe eines ewigen Feuers erleiden.« Dieser Abschnitt scheint auszusagen, daß es Engel gibt, die den ihnen zustehenden Platz verlassen haben und insbesondere verdammt sind, weil sie wie die Leute von Sodom und Gomorra gehandelt haben. So wie die Leute von Sodom und Gomorra in der Homosexualität »anderem Fleisch nachgingen«, suchten auch diese Engel nach Fleisch, das »anderes Fleisch« war; sie ließen sich mit menschlichen Frauen in unzüchtige Beziehungen ein.

Wenn man diese Passage als Vermischung von Engel- und Menschenwesen versteht, eröffnet sich uns eine weitere interessante Perspektive, denn dann hätten wir hier die ursprüngliche, historische Quelle eines in vielen Mythologien vorhandenen Elementes. Wir stellen mehr und mehr fest, daß die Mythologie im allgemeinen zwar stark verzerrt, aber doch eine gewisse historische Grundlage hat. Und interessant ist nun, daß ein Mythos, der immer wieder und in vielen Teilen der Welt zu finden ist, davon berichtet, daß vor langer Zeit übernatürliche Wesen mit natürlichen Frauen verkehrten und eine besondere Rasse hervorgebracht hätten.

Diese Vorstellung wird weiter gestärkt durch 1 Mo 6,4: »Die Riesen *(Nephilim)* waren auf Erden in jenen Tagen, und zwar daraufhin, daß die Söhne Gottes zu den Töchtern der Menschen kamen und diese ihnen gebaren. Das sind die Helden, die von alters her berühmt gewesen sind.« Man kann daher wohl die Spekulation ableiten, daß die »Riesen aus jenen Tagen, die von alters her berühmten Helden«, die hinter dem Mythos verborgene Realität bildeten.

Die andere Auslegung — daß Vers 2 sich auf Glieder der gottgläubigen Linie bezieht, die sich um den Preis der Zerstörung der göttlichen Linie mit Gliedern der gottlosen Linie verheirateten —, fügt sich nahtlos in die Gesamtaussage der Heiligen Schrift ein, denn im Alten und Neuen Testament wird Gottes Volk immer wieder verboten, sich mit Leuten zu verheiraten, die nicht zu Gottes Volk gehören. Das Alte Testament sagt mehrmals: Wenn ihr Leute heiratet, die nicht Gottes Volk sind, und wenn ihr ihnen eure Söhne und Töchter gebt, so wird die göttliche Linie zerstört. Das Neue Testament enthält dasselbe Gebot: »Ziehet nicht am gleichen Joch mit Ungläubigen! Denn was haben Gerechtigkeit und Gesetzlosigkeit miteinander zu schaffen? Was hat das Licht für Gemeinschaft mit der Finsternis?« (2 Kor 6,14). An dieser Stelle geht es um die zentralen Bindungen im Leben der Menschen, und keine Bindung ist so zentral wie die Ehe. Dieser Punkt wird in der großartigen Stelle über die Ehe in 1 Kor 7,39 deutlich gemacht. Paulus belehrt die Gemeinde, daß »eine Frau durch das Gesetz gebunden ist, solange ihr Mann lebt; wenn aber ihr Mann entschlafen ist, so ist sie frei, sich zu verheiraten, mit wem sie will; *nur daß es im Herrn geschehe.«* Das Prinzip ist klar: Gotteskinder sollen sich mit Gotteskindern verheiraten.

Es ist daher möglich, 1 Mo 6,2 als Hinweis auf Eheschließungen zwischen der gottgläubigen und der gottlosen Linie auszulegen.

Nur noch ein Mann in der göttlichen Linie

1 Mo 5,5-12 bringt uns zu dem geschichtlichen Zeitpunkt, wo nur noch ein Mann in der gottgläubigen Linie übrig ist:

»Als aber der HERR sah, daß des Menschen Bosheit sehr groß war auf Erden und alles Gebilde der Gedanken seines Herzens nur böse allezeit, da reute es den HERRN, daß er den Menschen gemacht hatte auf Erden, und es bekümmerte ihn in seinem Herzen. Und der HERR sprach: Ich will den Menschen, den ich erschaffen habe, vom Erdboden vertilgen, vom Menschen an bis auf das Vieh und bis auf das Gewürm und bis auf die Vögel des Himmels; denn es reut mich, daß ich sie gemacht habe! Noah aber fand Gnade vor dem HERRN. Dies ist die Geschichte Noahs: Noah, ein gerechter Mann, war untadelig unter seinen Zeitgenossen; mit Gott wandelte Noah. Und Noah hatte drei Söhne gezeugt: Sem, Ham und Japhet. Aber die Erde war verderbt vor Gott und mit Frevel erfüllt. Und Gott sah die Erde, und siehe, sie war verderbt; denn alles Fleisch hatte seinen Weg auf Erden verderbt.«

Wir könnten uns fragen: »Ist es nicht erstaunlich, daß nur noch ein Mann in der göttlichen Linie übrigbleibt?« Die Schrift zeigt uns aber regelmäßig, daß dies in allen Zeiten die natürliche Richtung ist. Das Herz des Menschen lehnt sich gegen Gott auf, und das rebellische Herz steht einer ausreichenden Gotteserkenntnis entgegen. In jedem Zeitabschnitt ist es dasselbe. Zur Zeit Abrahams zum Beispiel hatte die Welt fast das letzte Wissen um den wahren Gott verworfen. Ebenso hatten die Juden zur Zeit Christi sich so weit von Gott abgewendet, daß nur eine Minderheit ihren vom Alten Testament verheißenen Messias annahm. Und wir werden immer wieder gewarnt, daß das Ende unserer Zeit ebenso sein wird. Wegen der Rebellion des Menschenherzens führt der Kurs nicht nach oben. Deshalb sagte Jesus, als er vom Ende unseres Zeitalters sprach: »Doch wenn des Menschen Sohn kommt, wird er auch Glauben finden auf Erden?« (Luk 18,8). Wie wir noch sehen werden, setzt Jesus ausdrücklich die Zeit Noahs mit der Zeit seiner Wiederkunft in Parallele.

»Dies ist die Geschichte«

1 Mo 6,9 verwendet einen Satz, der zu den für die Genesis typischen literarischen Formen gehört: »Dies ist die Geschichte . . .« In Vers 9 bezieht er sich auf Noah, der Satz erscheint aber schon in 1 Mo 2,4 und 5,1 sowie insgesamt elfmal im ersten Buch Mose.

Im Jahre 1936 griff Wisemann den Gedanken auf, daß der Satz *dies ist die Geschichte von* nicht den Anfang des folgenden, sondern das Ende des vorhergehenden Abschnittes markiert und eigentlich bedeutet »dies ist (oder war) der Bericht von . . .« Er wies darauf hin, daß diese Formel auf den damaligen Tontafeln eher am Ende als zu Beginn des Textes erschien. So zum Beispiel in 1 Mo 2,4, wo »Dies ist die Entstehung(sgeschichte) des Himmels und der Erde« das zuvor Gesagte zusammenfassend abschließt. Ebenso in 1 Mo 5,1: »Dies ist das Buch von Adams Geschlecht.« Wisemann schließt ferner, daß Mose andere Unterlagen vor sich hatte, als er das Genesisbuch schrieb, und dieses Material verarbeitete. Obwohl dies Spekulationen sind, ist der Gedanke interessant, denn wenn es so war, dann betraf die Inspiration die Auswahl des verwendeten Materials. Das wäre eine Parallele zu der Auswahl, welche die Männer Hiskias unter den Sprüchen Salomos getroffen haben (Spr. 25,1).

Auf jeden Fall ist der Genesistext in Abschnitte unterteilt, die mit diesen Formeln gekennzeichnet werden. Wir finden zuerst die kosmische Schöpfung (»Dies ist die Entstehung des Himmels und der Erde« — 1 Mo 2,4), als zweites die Zeit Adams (»Dies ist das Buch von Adams Geschlecht« — 1 Mo 5,1), drittens die Zeit Noahs (»Dies ist das Geschlechtsregister der Söhne Noahs: Sem, Ham und Japhet« — 1 Mo 10,1). Weitere Stellen mit diesem Satz sind 1 Mo 11,10; 11,27; 25,12; 36,1; 36,9; 37,2. Dieses literarische Formelement zieht sich einheitlich durch die ganze Genesis.

Die Arche wird gebaut

Nun wenden wir uns der Generation Noahs zu. In 1 Mo 6,13-15 finden wir, wie Gott Noah warnt und ihm den Ausweg vor dem kommenden Gericht weist: »Da sprach Gott zu Noah: Alles Fleisches Ende ist vor mich gekommen; denn die Erde ist durch sie mit Frevel erfüllt, und siehe, ich will sie samt der Erde vertilgen. Mache dir eine Arche von Tannenholz; in Räume sollst du die Arche teilen und sie innen und außen mit Pech verpichen. Und du sollst sie also machen: Dreihundert Ellen lang, fünfzig Ellen breit, dreißig Ellen hoch.«

Zweierlei ist in diesem Abschnitt zu bemerken. Einmal hat Noah den Plan der Arche nicht selbst ersonnen. Er war kein Schiffbauer. Vielmehr wurde der Plan der Arche von Gott selbst gegeben. Das war eine konkrete, klar formulierte Offenbarung bis in die Einzelheiten.

Bei einem anderen großen Ereignis, dem Bau der Stiftshütte, gab Gott ebenso spezifische Pläne und Maße für alle Teile (2 Mo 25,9-40).

So spricht Gott zu Noah: »Es kommt ein gewaltiges Gericht, und es gibt keinen Ausweg. Baue dir ein großes Schiff.« Es ist bemerkenswert, daß unter all den Mythen der Weltgeschichte keine andere so weitverbreitet ist wie die Geschichte der Sintflut. Von China bis zu den amerikanischen Indianern finden wir in den seltsamsten Formen den Mythos der Großen Flut. Die meisten dieser Mythen enthalten phantastische, ja, verrückte Elemente, zum Beispiel in den Beschreibungen des Schiffes. In der Bibel sind solche phantastischen und übertriebenen Elemente nicht zu finden. Wir meinen daher, daß die Bibel uns die wirkliche Geschichte der Sintflut berichtet; die Mythen in aller Welt sind wohl verzerrt, aber sie zeigen, daß überall unter den Menschen die Erinnerung lebendig ist. Hier in der Bibel ist der eine Bericht der Sintflut, dessen Einzelheiten, einschließlich des Schiffsbaues, vernünftig sind.

Wenn wir annehmen, daß eine Elle etwa 45 cm mißt (das Maß ist nicht ganz sicher festzulegen), so läßt sich der Inhalt der Arche auf etwa 45 000 Kubikmeter berechnen — also ein beachtlich großes Schiff! Die Fläche der drei Decks würde gegen 10 000 m² betragen haben. Dazu kommt, daß die gegebenen Dimensionen einem manövrierfähigen Schiff entsprechen. In ungefähr entspricht die Größe der Arche der *Great Eastern,* die das erste Transatlantikkabel verlegt hat. Somit erscheint dieser Bericht, im Vergleich zu den Mythen und anderen Sintflutgeschichten in der Welt, als historisch verläßlich.

Natürlich unterstreicht das Neue Testament, daß der Bericht über Noah und die Sintflut Geschichte ist. Hebräer 11,7 sagt dazu: »Durch Glauben baute Noah, als er betreffs dessen, was man noch nicht sah, eine Weisung empfangen hatte, in ehrerbietiger Scheu eine Arche zur Rettung seines Hauses; durch ihn verurteilte er die Welt und wurde ein Erbe der Glaubensgerechtigkeit.« Es ist zu bemerken, daß auch hier, wie bei Abel in Hebräer 11,4 und bei Abraham in Römer 4,3, der Glaube sich auf eine logisch verständliche Verheißung Gottes bezieht. Noah konnte die Flut noch nicht sehen, aber er hatte eine verständliche Aussage, daß ein Gericht kommen würde, und er hatte genau formulierte Angaben über die Ausmaße des Schiffes, das er bauen sollte. Dazu war er aufgefordert, an einem Ort ein Schiff zu bauen, wo weit und breit kein Wasser war: Das war seine Glaubenstat — eine logisch verständliche Verheißung Gottes zu glauben.

Noch deutlicher ist indessen die Parallele, die Jesus selbst zwischen seinem eigenen zukünftigen Wiederkommen in Raum und Zeit und der vergangenen Flut zieht. Jesus betont, daß seine zukünftige Wiederkunft ein geschichtliches Ereignis ist: »Um jenen Tag aber und die Stunde weiß niemand, auch die Engel im Himmel nicht, sondern allein mein Vater. Wie es aber in den Tagen Noahs war, so wird es auch bei der Wiederkunft des Menschensohnes sein« (Matth 24,36-37). Das in Verbindung mit dem zweiten Kommen Christi im ganzen Neuen Testament mit *Wiederkunft* übersetzte Wort bedeutet *Gegenwärtigkeit*. Es ist ein »Dabeisein«, das heißt, es wird eine Zeit kommen, in der Jesus auf der Erde anwesend ist — geschichtlich, raum-zeitlich anwesend, so wie er damals anwesend war, als er diese Worte sprach. Jesus fährt fort: »Denn wie sie in den Tagen vor der Sintflut aßen und tranken, freiten und sich freien ließen bis zu dem Tage, da Noah in die Arche ging, und nichts merkten, bis die Sintflut kam und sie alle dahinraffte, so wird auch die Wiederkunft (hier wiederum *Gegenwärtigsein)* des Menschensohnes sein. Dann werden zwei auf dem Felde sein; einer wird genommen, und der andere wird zurückgelassen« (V. 38-41).

Diese Parallele ist auch in den Einzelheiten interessant, denn sie weist darauf hin, daß das Leben auf der Erde sowohl vor der Sintflut, wie auch vor dem zweiten Kommen Christi, durchaus normal erscheint. So wie das Leben in einer ungebrochenen Bahn verlief und eines Tages die Flut kam, so wird das Leben auf ungebrochener Bahn weiterlaufen, bis eines Tages ein erster Schritt Christi Wiederkunft einleitet.

Viele andere Stellen bestätigen ausdrücklich die Historizität der Sintflut. So führt Jesaja 54,9 Gottes eigene Worte an: »Und das soll mir sein, wie die Wasser Noahs: denn wie ich geschworen habe, daß die Wasser Noahs nimmermehr die Erde überfluten sollen, also habe ich geschworen, daß ich nimmermehr über dich zürnen noch dich schelten wolle.« Damit will Gott sagen, daß seine Verheißung so gewiß ist, wie es die historische Tatsache der Flut ist. Ebenso finden wir in 1 Petr 3,20 diese Einführung: »... als Gottes Langmut zuwartete in den Tagen Noahs, während die Arche zugerichtet wurde, in welcher wenige, nämlich acht Seelen, hindurchgerettet wurden durchs Wasser.« Die konkrete Zahl »acht« unterstreicht die Tatsache, daß das Ereignis als geschichtlich aufgefaßt wird. Weiter spricht 2 Petr 2,5 von Gott, der »die alte Welt nicht verschonte, sondern Noah, den Prediger der Gerechtigkeit, als achten (d. h. mit sieben andern) beschützte, als er die Sintflut über die Welt der Gottlosen brachte«. Hier ist ein anderes historisches Detail zu bemerken: Noah war ein Prediger der Gerechtigkeit. Dies ist, nebenbei bemerkt, die Stelle, welche einige Christen veranlaßt hat, Noah in Gemälden als Prediger beim Bau der Arche darzustellen; das ist zwar eine Überziehung des Textes, doch scheint sie durchaus belegt zu sein. Noah hat sich nicht nur im Glauben auf Gottes Warnung verlassen und das Schiff gebaut; er hat auch Gerechtigkeit gepredigt.

In 2 Petr 3,3-7 wird die Flut wiederum zu Christi zweitem Kommen in Parallele gesetzt. Vor der Zeit, zu der Jesus wiederkommen wird, werden Spötter auftreten und sagen: »Wo ist die Verheißung seiner Wiederkunft? Denn seitdem die Väter entschlafen sind, bleibt alles so, wie es am Anfang der Schöpfung war!« Das könnte in der Sprache des zwanzigsten Jahrhunderts so lauten: »Wo ist die Verheißung seiner Wiederkunft? Es herrscht doch eine absolute Naturkausalität in einem geschlossenen System. Was redet ihr von einer Katastrophe? Es ist immer so gewesen, und wir sagen, es wird auch immer so bleiben.« Petrus erklärt diese Reaktion: »Dabei vergessen sie aber absichtlich, daß schon vorlängst Himmel waren und eine Erde aus Wasser und durch Wasser entstanden ist durch Gottes Wort; und daß durch diese die damalige Welt infolge einer Wasserflut zugrunde ging. Die jetzigen Himmel aber und die Erde werden durch dasselbe Wort fürs Feuer aufgespart und bewahrt für den Tag des Gerichts und des Verderbens der gottlosen Menschen.« Auch hier sind also vergangene historische Ereignisse der Zeit Noahs mit kommenden historischen Ereignissen parallel gesetzt.

Dabei ist hier noch ein weiterer Akzent gesetzt — ein Akzent der Universalität. Wenn das Gericht bei der Wiederkunft Christi als universell anzusehen ist, ist dann das Gericht durch das Wasser zu Noahs Zeit nicht auch universal gewesen? Es gibt Christen, die die Schrift lieben und doch des langen und breiten diskutiert haben, ob die Sintflut universal gewesen sei oder nicht. Ich glaube, daß sie es war, doch meine ich, wir sollten keineswegs diese Frage zu einem »Test der Rechtgläubigkeit« hochspielen. Wir können uns nicht auf das Wort *Erde* in 1 Mo 7,4 berufen (»so will ich auf Erden regnen lassen ... und alles Bestehende von dem Erdboden (der Erde) vertilgen«), denn dieses Wort kann auch mit »Grund« (oder »Erdboden« wie in den meisten deutschen Übersetzungen) übersetzt werden. Das Argument der Universalität läßt sich weitmehr mit anderen Faktoren begründen, unter anderem mit der eben dargestellten Parallele zwischen der Wiederkunft Christi und der Sintflut in verschiedenen neutestamentlichen Stellen. Auch die sprachliche Betonung in Genesis geht in dieser Richtung. Es erscheint hier dieselbe Totalität, dieselbe Zielrichtung wie in 1 Mo 1 — eine Zielrichtung zur Universalität hin. So lesen wir in 1 Mo 7,23: »Er vertilgte alles Bestehende auf dem Erdboden, vom Menschen an bis auf das Vieh, bis auf das Kriechende und bis auf die Vögel des Himmels; es ward alles von der Erde vertilgt; nur Noah blieb übrig und was mit ihm in der Arche war.« Das klingt universal. Zudem erscheinen hier im Hebräischen zwei verschiedene Wörter für *Erdboden* und *Erde.* Wohl können beide einen engeren Sinn haben, daß aber hier zwei verschiedene Wörter gebraucht werden, verleiht dem Argument der universalen Flut einiges Gewicht. Ebenso verbindet 1 Mo 7,23 alles Lebendige mit den Menschen, und 1 Mo 9,19 und 10,32 sagen auf das bestimmteste, daß Noah und seine Familie die einzigen überlebenden Menschen waren. Daß die Flut in bezug auf den Menschen universal war, geht aus der Schrift eindeutig hervor.

Ein weiterer Hinweis auf die Universalität der Sintflut liegt in der Erklärung, die Gott nach der Flut gibt: »Dann will ich an meinen Bund gedenken, welcher zwischen mir und euch und allen lebendigen Wesen von allem Fleisch besteht, daß forthin die Wasser nicht mehr zur Sintflut werden sollen, die alles Fleisch verderbe« (1 Mo 9,15). Wenn die Flut nicht universal war und tatsächlich alle Tiere auf der Erde vernichtet hat, so weiß ich nicht, wie dieser Satz, *daß forthin die Wasser nicht mehr zur Sinflut werden sollen, die alles Fleisch verderbe,* zu verstehen wäre. Natürlich sind die Fische hier nicht betroffen. Die Verheißung schließt begrenzte Überschwemmungen nicht aus, ebensowenig die Möglichkeit, daß die Erde durch Feuer vernichtet werden könnte. Der Bundesvertrag ist auf jeden Fall eindeutig: Keine Flut soll je wieder alles Fleisch vernichten.

Die Datierung der Sintflut

Wie wir schon festhielten, ist es nicht möglich, die Sintflut zu datieren, weil die Genealogien keine Chronologie sind. Wenn die Datierungssysteme der heutigen anthropologischen Forschung zuverlässig sind, gibt es Anhaltspunkte, nach denen die Flut sich *vor mehr* als 20 000 Jahren vor Christus ereignet hat. Dazu möchte ich ausdrücklich sagen, daß ich diese Datierungssysteme nach wie vor als fragwürdig ansehe, *sollten* sie aber zureichend sein, dann kann die erwähnte Zeit in Betracht gezogen werden. Wenn alle Menschen außer Noah und seiner Familie vernichtet worden sind (wie die Schrift es deutlich aussagt), dann dürfte die Flut etwas vor diesem Datum stattgefunden haben. Die meisten Anthropologen nehmen an, daß die Indianer Amerikas um etwa 20 000 vor Christus über eine Eis- oder Landbrücke durch die Beringstraße nach Amerika gekommen sind. Somit müßte die Sintflut vor dieser Zeit liegen, weil ja die Indianer Nachkommen von Noah und seinen Söhnen sind. Bemerkenswerterweise finden sich sowohl bei den nordamerikanischen Indianern als auch den vor-kolumbanischen Indianern Südamerikas Mythen von der Flut.

Noah besteigt die Arche

Wenn wir die verschiedenen Stellen des Neuen Testamentes aufgreifen und mit dem Material aus dem Alten Testament zusammenfügen, sehen wir, daß Noah predigte, während er die Arche baute, und daß dabei das Alltagsleben sich normal und genauso wie heute abspielte. Wir hören Autos auf der Straße fahren, die Leute sind im Dorf, andere in der Stadt oder bei der Landarbeit, einige sind daran, Mahlzeiten zu kochen, dort ist ein Paar beim Liebesspiel, hier wird ein Kind geboren, und so läuft der Strom des Lebens dahin. Genau dieses Bild zeichnet die Bibel von der Situation unmittelbar vor der Flut.

Dann aber, als die Arche gebaut war, sagte Gott zu Noah: »Nimm von allem reinen Vieh zu dir je sieben und sieben, das Männchen und sein Weibchen; von dem unreinen Vieh aber je ein Paar, das Männchen und sein Weibchen; auch von den Vögeln des Himmels je sieben und sieben, Männchen und Weibchen, um auf dem ganzen Erdboden Samen am Leben zu erhalten« (1 Mo 7,2-3). Wie wir zuvor schon sahen, hatte Noah offensichtlich schon, ohne daß die Bibel darüber etwas Bestimmtes aussagt, eine Erkenntnis darüber, welche Tiere »rein« und welche »unrein« sind, denn er benötigte hier keine besondere Erläuterung. Dieselbe Erkenntnis in bezug auf Reinheit und Unreinheit wird auch in 1 Mo 8,20 vorausgesetzt. Das ist interessant, denn es bedeutet, daß jene Menschen vermutlich weit mehr wußten, als wir uns vorstellen.

Am Ende wird es für Noah und sein Gefolge Zeit, die Arche zu besteigen, denn Gott sagt: »Denn es sind nur noch sieben Tage, so will ich auf Erden regnen lassen vierzig Tage lang und alles Bestehende von dem Erdboden vertilgen« (1 Mo 7,4). 1 Mo 7,10 führt aus: »Und es begab sich nach den sieben Tagen, daß die Wasser der Sintflut auf die Erde kamen.« Gott sagt ihnen: »Jetzt ist die Arche fertig; ihr habt bisher gepredigt, doch nun ist das vorbei. Geht nun in die Arche und bleibt dort sieben Tage lang.« Ich denke, daß die Befolgung dieses Befehls für Noah einen unerhörten Glauben erfordert hat.

Wir dürfen nicht vergessen, daß das Schiff auf dem trockenen Land steht. Wir wissen nicht, wie hoch der Bauplatz lag, aber es mag ausgesehen haben wie ein Ozeandampfer in Huémoz, dem Schweizer Bergdorf, in dem ich lebe. Welch ein sonderbares Bild! Nun, Menschen sind Menschen, und Psychologie ist Psychologie. Man kann sich die Leute vorstellen, wie sie an dem Schiff herumschnüffelten und, milde gesagt, ihr Befremden äußerten. Die schwarzen Prediger in Amerika pflegen unerhörte Geschichten zu spinnen von Noah, der baute und predigte, und von den Gaffern, die das Schiff umringten und lachten. Natürlich geht dabei die Phantasie etwas durch, und doch muß es etwas Außerordentliches gewesen sein, das Schiff zu besteigen und dann sieben Tage dort festzusitzen.

Welch ein Bild des christlichen Glaubens! Gewiß gibt es die logisch verständlichen Verheißungen; gewiß gibt es viel gute und zureichende Gründe, um zu wissen, daß wir es mit Wahrheit zu tun haben. Glauben aber bedeutet, sich entgegen dem offensichtlichen Stand der Dinge bereitzufinden, Gott zu glauben und sich auf das Ende des Astes zu setzen. Es ist kein Sprung ins Leere; es ist keine Abkehr von der Rationalität. Aber es bedeutet, sich in ein Schiff zu setzen, das mitten in Huémoz steht, und zu hören, wie die meisten Menschen sagen, daß das einfach keinen Sinn habe. Wenn sich je eine Generation in dieser Lage befunden hat, dann ist es die unsere. Wir sind von einem fugenlosen, monolithischen Konsensus umgeben, der sagt: »Es stimmt einfach nicht; es widerspricht der Naturkausalität im geschlossenen System!«

1 Mo 7,7 sagt ausdrücklich, daß acht Menschen da waren: »Er (Noah) ging samt seinen Söhnen, seinem Weib und seiner Söhne Weibern in die Arche vor dem Gewässer der Sintflut.« Hier ist eine interessante Parallele zur Zerstörung von Sodom und Gomorra (die Christus selbst zieht), indem eine ganze Familie in der Glaubenshaltung eines Mannes mit einbeschlossen ist. So finden wir, daß nicht nur Lot herausgebracht wurde, sondern auch jene Töchter, die auf seine

Warnungen in Sodom gehört hatten. Ebenso besteht eine Parallele zum Passahopfer, denn als die Juden in Ägypten das Passahlamm schlachteten und das Blut an die Türpfosten strichen, wurden sowohl der Erstgeborene der Familie, als auch die erstgeborenen Tiere in den jüdischen Häusern vor dem Tode geschützt.

Die Verse 11 und 12 bilden eine Einrückung, welche die ganze vierzigtägige Zeitspanne umfaßt. In Vers 11 steht: »Im sechshundertsten Lebensjahr Noahs, am siebzehnten Tage des zweiten Monats, an dem Tage brachen alle Quellen der großen Tiefe auf, und die Fenster des Himmels öffneten sich.« Wieder wird die Geschichtlichkeit des Berichtes hervorgehoben. Die Genealogien wollen keine Chronologie sein, sondern die Bibel datiert dieses Ereignis relativ, d. h. in bezug auf die Hauptfigur des Geschehens.

Ebenso zeigt uns der Vers 11, daß zweierlei Quellen geöffnet wurden — die Quellen der großen Tiefe und die Fenster des Himmels. So kamen die Fluten aus zwei Quellen, »den Fenstern des Himmels« und den »Quellen der großen Tiefe«. Diese Wasserfluten wurden also durch mehr als 40 Tage Regenfall verursacht. Vers 11 deutet auf vielfältige Möglichkeiten hin.

Somit ist die Sintflut als katastrophales Ereignis beschrieben, als Ereignis, das nicht unbedingt in das Schema des gewöhnlichen Ablaufes von Ursache und Wirkung paßt, wie wir ihn heute kennen. Zudem vergleicht 2 Petr 3,3-7 die Flutkatastrophe mit der kommenden Vernichtungskatastrophe durch Feuer.

Der moderne Mensch glaubt an ein Universum als geschlossenes System, in dem Naturkausalität herrscht, und hält daher eine Diskontinuität in Form eines plötzlichen Wechsels für unmöglich.

John Woodward (gest. 1772), der Begründer der Fossilienforschung, bekannte sich zu der Ansicht, daß es sowohl einen ordnungsgemäßen Verlauf wie auch Katastrophen, das heißt große Umstürze, gegeben habe. Vor etwa mehr als einem Jahrhundert betonte dann Charles Lyall, die Entwicklung sei stetig verlaufen, und damit seien Katastrophen nicht zu vereinbaren. So wurde das Konzept von katastrophalen Einbrüchen in die Entwicklung abgelehnt, besonders in der Geologie. Und damit wurden auch der Schöpfungsbericht und die Geschichte der Sintflut verworfen.

Interessanterweise sehen sich die Geologen in jüngster Zeit wieder veranlaßt, mit der Möglichkeit von Katastrophen zu rechnen (obwohl sie gewöhnlich andere Begriffe verwenden), denn sie konnten nicht beweisen, daß sich (in dem uns heute bekannten Geschehen) alles in einer einfachen Beziehung von Ursache und Wirkung abspielt.

Wir wollen uns dabei in Erinnerung rufen, daß die christliche Position die Beziehung von Ursache und Wirkung nicht etwa verneint. Im Gegenteil: Wie ich in anderen Büchern betont habe, hat gerade das christliche Gottes- und Weltverständnis den Grund gelegt, mit Ursache und Wirkung, das heißt einem geordneten Geschehen, zu rechnen. Wogegen wir uns wenden, ist das Konzept der Naturkausalität, der Beziehung von Ursache und Wirkung, im geschlossenen System. Gott hat sich nicht selbst zum Gefangenen der Maschine des Universums gemacht. Er kann in dieses Universum hineinwirken. Folglich muß der Christ — angesichts einer großen Katastrophe wie der Sintflut oder bei weniger dramatischen Ereignissen — nicht zwischen einem zufallsbeherrschten Universum ohne Zusammenhang von Ursache und Wirkung und einem von Naturkausalität beherrschten Universum als geschlossenem System wählen. Gott ist ein lebendiger Gott, der zu jeder beliebigen Zeit in die Maschinerie eingreifen kann.

Viele Probleme stellen sich denen, welche die Katastrophenmöglichkeit verwerfen. Jedes Geschehen, das nicht der heute bekannten Ordnung entspricht, wirft Schwierigkeiten auf. So ringt zum Beispiel die Naturwissenschaft mit einem großen Geheimnis, was etwa um 10 000 vor Christus in den Gebieten geschehen ist, die wir heute als Arktis kennen. Ich meine hier die eingefrorenen Mammute und andere Tiere. Soweit wir wissen, hat in diesen Gebieten seit 12 000 Jahren ein gleichmäßig kaltes Klima geherrscht. Und doch müssen diese Gegenden, wie die Erforschung der Mammute und anderer dort vorgefundener Tiere zeigt, vor jenem Zeitpunkt warm gewesen sein. Als die Tiere einfroren, müssen sie so plötzlich gestorben sein, daß Pflanzen aus einer Vegetation von warmen Breitengraden in ihren Mäulern vorgefunden wurden, die offensichtlich weder ausgespuckt noch verschluckt werden konnten.

Niemand kann das erklären — niemand. Dies ist ein Gegenstand der Naturwissenschaft, der nichts mit der Bibel zu tun hat, und ich versuche auch nicht einen Zusammenhang mit der Sintflut zu konstruieren. Meiner Meinung nach ereignete sich diese Katastrophe später als die Flut. Offensichtlich aber kann niemand sagen, die Vorstellung einer großen Katastrophe sei stupide. Diese gewaltigen Tiere wurden so schnell eingefroren, daß das Fleisch nach dem Auftauen durchaus genießbar war! Spezialisten der Tiefkühltechnik haben ausgerechnet, daß die Temperatur angesichts des Volumens dieser Tiere innerhalb weniger Stunden auf minus 85° gefallen sein muß. Niemand weiß, wie oder weshalb dies geschah.

Ich will mit diesem Beispiel nur zeigen, daß wir Dinge wie die Sintflut diskutieren und dabei auf ehrliche Fragen auch ehrliche Antworten geben können. Der Christ hat keinen Anlaß, in die Defensive zu gehen, nur weil er von Menschen umgeben ist, die sich in einem Denkgebäude der Naturkausalität im geschlossenen System befinden und willkürlich die Vorstellung katastrophaler Geschehnisse aufgegeben haben.

Gott schließt die Tür

1 Mo 7,16 ist ein erstaunlicher Vers: »Und die hineingingen, Männchen und Weibchen von allem Fleisch, kamen herbei, wie Gott ihm geboten hatte; und der HERR schloß hinter ihm zu.« Das ist ein harter Vers, und ich bin dankbar dafür, daß Noah die Tür nicht selbst schließen mußte. Ich kann mir nicht vorstellen, wie er es fertiggebracht hätte, angesichts all der Menschen, die — wie Noah wußte — ertrinken würden. Aber es wurde nicht von ihm gefordert. Er war beauftragt, treu zu sein — ein Prediger der Gerechtigkeit. Er war gefordert, Gott und den logisch verständlichen Verheißungen Gottes zu glauben. Er hatte den Auftrag, ein Schiff zu bauen. Als er es aber gebaut hatte, kam der Augenblick, wo Gott die Türe schloß. Damit war die Zeit zur Rettung abgelaufen. Die Tür war geschlossen, weil Gott sie an einem Punkt im Ablauf der Geschichte zuschloß.

Bis zum Ende des siebten Kapitels folgt dann die Zerstörung. Gottes Gericht über die Sünde wird vollstreckt, denn Gott ist heilig, es gibt absolute moralische Maßstäbe, und wir leben in einem moralischen Universum. Wenn Gott nicht die Sünde haßt und richtet, dann ist er kein heiliger Gott, und es gibt keine absoluten moralischen Maßstäbe und keine ethischen Werte im Universum. Die ganze Bibel aber sagt immer und immer wieder das eine: Gott haßt die Sünde, und er wird sie richten. Der Tag kommt, an dem Gott die Türe schließt.

Wir haben schon auf die Parallele zwischen dem Gericht Gottes über die Menschen in Noahs Tagen und dem bei der Wiederkunft Christi kommenden Gericht hingewiesen.

1 Mo 6,5 und Matth 24, 37-38 sind Parallelen in mehrfacher Hinsicht. Beide Epochen sind Zeiten, in denen der Mensch in totaler Auf-

lehnung steht, Zeiten großer Bosheit; und beidemal merken die Menschen nichts von der drohenden Zerstörung, bis das Unheil sie erreicht: »Denn wie sie in den Tagen vor der Sintflut aßen und tranken, freiten und sich freien ließen bis zu dem Tage, da Noah in die Arche ging, und nichts merkten, bis die Sintflut kam und sie alle dahinraffte, so wird auch die Wiederkunft des Menschensohnes sein. Dann werden zwei auf dem Felde sein; einer wird genommen, und der andere wird zurückgelassen. Zwei werden auf der Mühle mahlen; eine wird genommen, und die andere wird zurückgelassen« (Matth 24,38-41). Jesus zieht daraus eine Folgerung: »So wachet nun, da ihr nicht wißt, zu welchem Tag (das ist die richtige Übersetzung) euer Herr kommt« (V. 42). Und, damit wir den Hinweis nicht übersehen, wiederholt Jesus: »Darum seid auch ihr bereit! Denn des Menschen Sohn kommt zu der Stunde, da ihr es nicht meinet« (V. 44). Jesus sagt, daß wir den Tag nicht kennen (V. 42) und auch die Stunde nicht (V. 44).

Dieses Gericht kommt nicht nur über die offensichtlichen Heiden. Ein Gleichnis zeigt, daß einige sogar innerhalb der Kirche nicht wirklich Gottes Kinder sind. Jesus schließt mit den Worten: »Darum wachet; denn ihr wißt weder Tag noch Stunde, in welcher des Menschen Sohn kommen wird« (Matth 25,13; Luther). Es kommt eine Zeit des Gerichtes. So ist der Lauf der Geschichte.

8. Noah — Babel — Abraham

In dem Augenblick als die Arche auf Grund lief und still stand, begann ein neuer Abschnitt der Menschheitsgeschichte. Wiederum beginnt die Geschichte des Menschen mit einer Einheit (der Familie Noahs), die aber bald gespalten wird — in der Verwirrung von Babel zum Beispiel —, wobei aber der Mensch der Zeit näher kommt, in welcher seine grundlegende Spaltung geheilt werden wird.

Die Arche setzt auf

In 1 Mo 8,2 lesen wir: »Und die Brunnen der Tiefe wurden verstopft samt den Fenstern des Himmels, und dem Regen vom Himmel ward gewehrt.« Somit wurden beide Quellen des Flutwassers geschlossen. »Die Arche ließ sich am siebzehnten Tage des siebenten Monats auf dem Gebirge Ararat nieder« (V. 4). Ararat liegt, nach 2 Könige 19,37; Jesaja 37,38 und Jeremia 51,27, im heutigen Armenien. Das Königreich Ararat ist gleicherweise in assyrischen Dokumenten erwähnt. Es ist also nicht ein mythisches, sondern ein in der alten und neuen Geschichte wohlbekanntes Land.

In den Kapiteln 7 und 8 finden wir eine genaue chronologische Aufzeichnung: »An einem Tag geschah dieses, am anderen Tag geschah jenes.«

Die Geschichte in Raum und Zeit entwickelt sich fort. Die Arche kam zu einer bestimmten Zeit und an einem bestimmten geographischen Ort, nämlich im Land von Armenien, zur Ruhe.

Eine weitere Bestätigung der Geschichtlichkeit dieses Ereignisses findet sich in 1 Mo 8,7-9: »Und er sandte den Raben aus; der flog hin und her, bis das Wasser auf Erden vertrocknet war. Darnach sandte er die Taube aus, daß er sähe, ob des Wassers auf Erden weniger geworden wäre. Aber die Taube fand keinen Ort, da ihr Fuß ruhen konnte. Da kehrte sie zu ihm zur Arche zurück; denn es war noch Wasser auf der ganzen Erdoberfläche. Da streckte er seine Hand aus und ergriff sie und nahm sie wieder zu sich in die Arche.« Die Form dieser Erzählung hinterläßt den Eindruck, daß sich etwas wirklich zugetragen hat. Es klingt nicht nach Mythos oder Fabel.

So besteht zum Beispiel ein deutlicher Unterschied zwischen diesem Bericht und den Epen von Homer. Homers Figuren zeigen nur geringe psychologische Tiefe. In *Mimesis* hebt Erich Auerbach den Kontrast zwischen der biblischen Darstellung und derjenigen von Homer hervor. Er erklärt, daß die Heldenfiguren in Homers Epen jeden Morgen so auftreten, als wäre dies der erste Tag seit die Welt begann, während der biblische Bericht eine echte, psychologische Tiefe aufweist, welche die Historizität betont. Wenn wir die Bibel lesen, haben wir nicht das Gefühl, fiktiven Typen zu begegnen, und dieser Abschnitt von 1 Mo 8,7-9 ist ein gutes Beispiel dafür.

Wir lesen, daß Noah seine Hand ausstreckte und »die Taube veranlaßte, wieder zu ihm in die Arche zu kommen« (genauere Fassung des Textes). Dann wird die Taube wieder ausgeschickt: »Und er wartete noch weitere sieben Tage; dann sandte er die Taube wieder von der Arche aus. Und die Taube kam zur Abendzeit wieder zu ihm, und siehe, sie hatte ein frisches Ölblatt in ihrem Schnabel! Da merkte Noah, daß des Wassers auf Erden weniger geworden war« (V. 10-11). Dies ist eine jener biblischen Szenen, welche die Menschen auch dann noch als Symbol behalten, wenn sie ganz offen sagen, daß sie der Schrift nicht länger glauben. Die Taube mit dem Ölzweig im Schnabel wird universal als Sinnbild für Frieden gebraucht. Übrigens ist diese Haltung auch ein Hinweis auf die Unwissenheit vieler Menschen in bezug auf die biblischen Tatsachen, denn viele solcher Symbole setzen ein Verständnis von der Schrift her voraus.

Als Noah gewiß war, daß das Wasser auf der Erde abgenommen hatte, »entfernte er das Dach von der Arche« (V. 13). Das ist ein scharfer Gegensatz zu 1 Mo 7,16, wo wir lesen, daß Gott selbst, nachdem Noah die Arche bestiegen hatte, »hinter ihm zuschloß«. Gott hat die Türe geschlossen, versiegelt und jede weitere Zutrittsmöglichkeit aufgehoben. Aber Noah selbst war imstande, zur rechten Zeit das Schiff zu öffnen. Dann hieß Gott Noah ausdrücklich, die Arche zu verlassen, was er auch tat (V. 15-19).

Noahs Opfer

Nachdem Noah die Arche verlassen hatte, brachte er ein Opfer dar: »Noah aber baute dem HERRN einen Altar und nahm von allerlei reinem Vieh und von allerlei reinem Geflügel und opferte Brandopfer auf dem Altar« (1 Mo 8,20). Wie wir schon bemerkten, stoßen wir im Alten Testament, und besonders in der Genesis, auf Situationen, wo Menschen eine Erkenntnis besitzen, die wir bei ihnen gar nicht erwarten. Wir dürfen aus dem Fehlen eines entsprechenden Berichtes in der Schrift nicht ableiten, daß sie keine derartige Kenntnis haben konnten.

Das Leben ist im Blut

Im Kapitel 9 finden wir zum erstenmal Gottes Anordnung, wonach die Tiere dem Menschen zur Nahrung dienen sollten: »Und Gott segnete Noah und seine Söhne und sprach zu ihnen: Seid fruchtbar und mehret euch und erfüllet die Erde! Furcht und Schrecken vor euch soll kommen über alle Tiere der Erde und über alle Vögel des Himmels, über alles, was auf Erden kriecht, und über alle Fische im Meer; in eure Hände seien sie gegeben! Alles, was sich regt und lebt, soll euch zur Nahrung dienen; wie das grüne Kraut habe ich es euch alles gegeben« (1 Mo 9,1-3). Somit sagt Gott ausdrücklich zur Zeit Noahs, daß den Menschen Fleisch als Nahrung zur Verfügung stehe. Es war ihnen freigestellt, das Fleisch von Tieren zu essen.

Eine Einschränkung besteht allerdings: »Nur esset das Fleisch nicht, während seine Seele, sein Blut noch in ihm ist« (V. 4). Das Blut ist, wie später in den Schriften Moses, besonders im 3. Buch Mose, gezeigt wird, mit dem Leben des Tieres verbunden und für das Sühnopfer vorbehalten. So war in dieser Hinsicht Sorgfalt geboten.

Ebenso sehen wir, weshalb Gott die Todesstrafe befiehlt: »Für euer Blut aber, für eure Seelen, will ich Rechenschaft fordern, von der Hand aller Tiere will ich sie fordern und von des Menschen Hand, von seines Bruders Hand will ich des Menschen Seele fordern. Wer Menschenblut vergießt, des Blut soll auch durch Menschen vergossen werden; denn Gott hat den Menschen nach seinem Bild gemacht« (1 Mo 9,5-6). Gott setzt die Todesstrafe wegen des einzigartigen Wertes dessen ein, den der Mörder umgebracht hat. Auch nach dem Sündenfall ist der Mensch immer noch im Bilde Gottes gemacht, und deshalb ist jeder Mord in der Tat abscheulich. Der moderne Mensch, der sich mit der Maschine oder dem Tier gleichsetzt, versteht den hohen Wert des Menschen nicht und sieht deshalb auch keinen Grund, weshalb Mord sich grundsätzlich von anderen Verbrechen unterscheidet.

Dennoch sollte die Todesstrafe nicht undifferenziert angewendet werden. Da fallen zum Beispiel die Anordnungen wegen der Freistädte auf, welche die Juden im neuen Land und nach der Staatsbildung einrichten sollten (4 Mo 35,9-34; Jos 20,1-9). Es wurde ein sehr sorgfältiger Unterschied gemacht zwischen vorsätzlichem Mord und Fehlern oder Unfällen. Im Falle eines vorsätzlichen Mordes begeht ein Mensch ein schweres Verbrechen, weil er sich selbst anmaßt, ein einmaliges und wichtiges Wesen zu vernichten — einen Menschen, der qualitativ und nicht nur quantitativ sich von allen anderen unterscheidet.

Eine neue Stufe in der Bundesbeziehung

Bisher haben wir in unserem Studium zwei Stufen in der Bundesbeziehung und den Bundesverheißungen Gottes an den gefallenen Menschen behandelt. Die erste in 1 Mo 3,15 ist wohl nicht ausdrücklich als Bund bezeichnet, aber doch gewiß eine Verheißung. Die zweite Stufe finden wir in 1 Mo 6,18-19, wo Gott zu Noah spricht: »Aber mit dir will ich meinen Bund aufrichten, und du sollst in die Arche gehen, du und deine Söhne und dein Weib und deiner Söhne Weiber mit dir. Und von allem, was da lebt, von allem Fleisch . . .« Gott sagt also, »Mit dir und mit allem, was da lebt, will ich meinen Bund aufrichten.« Es ist bemerkenswert, daß Gott in Jesaja 54,9 auf diesen Bund hinweist, als einer Parallele zu einem weiteren Bund, den er mit den Juden schließen will. Somit weist Gott zurück auf den Bund mit Noah, den er einst in der Geschichte aufgerichtet hat, um die Gewißheit seiner neuen Verheißungen an die Juden, an einem späteren Zeitpunkt in der Geschichte, zu unterstreichen.

Den Bund mit Noah wollen wir nun etwas näher ansehen. Er ist zum ersten ein ewiger Bund. »Darum soll der Bogen in den Wolken sein, daß ich ihn ansehe und gedenke an den ewigen Bund zwischen Gott und allen lebendigen Wesen von allem Fleisch, das auf Erden ist« (1 Mo 9,16).

Zweitens ist er sowohl mit Noah und seinen Nachkommen (V. 9. 11-12) als auch mit »allen lebendigen Wesen« (V. 10-12. 16) aufgerichtet. Gott schließt einen Bund nicht nur mit dem Menschen, der die Abmachung versteht, sondern auch mit den Tieren, die sie nicht verstehen. Vers 13 steckt den Rahmen noch weiter: »Meinen Bogen setze ich in die Wolken; er soll ein Zeichen des Bundes sein zwischen mir und der *Erde*.«

Wenn wir uns erinnern an das, was wir in Römer 8,19-23 in bezug auf die Verheißungen Gottes für die ganze Schöpfung bei der Wiederkunft Christi gesehen haben, so wird uns Gottes Sorge um die ganze

Schöpfung bei diesem Bund in der Genesis nicht überraschen. Sie gehört zur Gesamtstruktur der Schrift.

Das besondere Zeichen des Bundes mit Noah ist der Regenbogen (V. 13). Manchmal wird angenommen, daß die Bibel hier andeute, es hätte zuvor keinen Regenbogen gegeben. Das braucht aber nicht unbedingt der Fall zu sein. Später werden nämlich zwei Symbole gegeben, die Bündnisverheißungen kennzeichnen sollen — die Beschneidung bei Abraham und die Taufe bei den Christen —, die keineswegs neu waren. Sie waren vielerorts schon vorher angewendet worden, und es wurde ihnen lediglich eine jüdische oder christliche Bedeutung zugeschrieben — eine bestimmte Bedeutung, die Gott selbst ihnen verlieh. Dies mag deshalb auch für den Regenbogen zutreffen. Es ist möglich, daß Gott ihm einfach eine neue Bedeutung zusprach. Dennoch mag es auch zutreffen, daß nach der Flut neue physikalische Verhältnisse entstanden und der Regenbogen etwas ganz Neues war. Die Bibel sagt darüber nichts Bestimmtes, und es kann aus diesen Versen das eine und das andere abgeleitet werden.

Jedes dieser Bundeszeichen ist sachgemäß, wobei der Regenbogen einen spezifischen Kontrast zur Beschneidung, dem Bundeszeichen Abrahams, bildet. Das letztere, als ein Zeichen am männlichen Körper, war durchaus sachgemäß, denn nur der Mensch war betroffen, es bezeichnete ein Individuum als Mitglied des Bundesvolkes. Hier aber ist mehr als nur der Mensch betroffen, und so wird das Zeichen nicht am Körper Noahs, sondern am Himmel gesetzt, welcher den gesamten Bereich »bedeckt«, über den sich der Bund erstreckt — sowohl den Menschen, als auch den Rest der Schöpfung. So ist auch das neutestamentliche Zeichen der Taufe ausgesprochen sachgemäß. Im Alten Testament war der Vater in besonderer Weise zum Gottesdienst für die ganze Familie beauftragt, und so war das Bundeszeichen der Beschneidung angebracht. Im Neuen Testament ist die Trennwand beseitigt worden; die Frauen kommen, wie die Männer, direkt zu Gott, gleicherweise in unmittelbarer Anbetung. Daher ist das Bundeszeichen der Taufe hier angemessen.

Wir haben in L'Abri lange Stunden über die Tatsache diskutiert, daß der Mensch, wenn er nur rationalistisch denkt, nie wirklich sicher sein kann, daß die Sonne morgen früh wieder aufgehen wird; alles, worauf er sich verlassen kann, sind Statistiken und Durchschnittswerte. Der Christ kann seiner Sache sicher sein. Seine Gewißheit stützt sich nicht nur auf zehn Millionen Sonnenaufgänge, sondern auf die

Gesamtstruktur, die eine ausreichende Erklärung bietet und, innerhalb dieser Struktur, auf die Verheißung Gottes. So lange die Erde fortbesteht in dem Zeitalter, in dem wir jetzt sind, können wir gewiß sein: Die Sonne wird auf- und untergehen, und die Jahreszeiten werden sich im natürlichen Rhythmus wiederholen. Denn so lautet die Verheißung Gottes: »Solange die Erde steht, soll nicht aufhören Saat und Ernte, Frost und Hitze, Sommer und Winter, Tag und Nacht« (1 Mo 8,22).

Eine neue Stufe der messianischen Verheißung

Die erste messianische Verheißung ist 1 Mo 3,15, daß der Same des Weibes den Kopf der Schlange zertreten wird. Eine bestimmte Frau wird das Werkzeug sein, aber die Verheißung umspannt die ganze Menschheit. Später wird geklärt, daß derjenige, der 1 Mo 3,15 erfüllen würde, aus der Linie Seths und nicht aus der Linie Kains stammen sollte. Und in diesem neuen Abschnitt von 1 Mo 9,26-27 sehen wir nun eine weite Weichenstellung: »Und weiter sprach er: Gepriesen sei der HERR, der Gott Sems, und Kanaan sei sein Knecht! Gott breite Japhet aus und lasse ihn wohnen in Sems Hütten, und Kanaan sei sein Knecht!« In anderen Worten, die Verheißung, die einst allen Menschen galt, ist nun auf die semitischen Völker beschränkt. Die semitischen Völker sind eine große, sprachlich verwandte Völkergruppe, die heute im Nahen Osten wohnt. Zugleich aber machen diese Verse in der Genesis deutlich, daß die Verheißung, obwohl sie sich durch die semitischen Völker erfüllen wird, doch der ganzen Menschheit zugute kommt. Hier wird lediglich angedeutet, daß die semitischen Völker der Kanal sein werden, aus welchem für die ganze Menschheit ein Segen hervorgehen wird.

Genealogie, nicht Chronologie

Kapitel 10 bringt uns wieder Genealogien und, wie wir schon zuvor gesagt haben, geht aus diesen Genealogien selbst hervor, daß sie keine Chronologie bezwecken. So spricht zum Beispiel 1 Mo 10,2 von einem Mann, der Länder hervorbringt: »Die Söhne Japhets waren: Gomer, Magog, Madai, Javan, Tubal, Mesech und Tiras.« Gomer, Magog, Tubal — das sind Länder. Vers 4 beschreibt einen Mann, der Völker hervorbringt. Das ist im Hebräischen deutlich zu sehen, weil die Endung auf -im die Mehrzahl angibt. Gott sagt: »Wollt ihr den Ablauf der

Geschichte kennen? Dieser Ablauf ist wichtig, und hier ist er.« In Vers 7 bringt ein Mensch geographische Landschaften hervor, denn Kusch, Seba und Chavila sind Orte und nicht Leute. Auch im Vers 13 finden sich wieder Endungen auf -*im*; Völker erzeugen Völker, es ist also nicht von Vätern und Söhnen die Rede. In Vers 15 ist wieder ein Mann, der einen Ort hervorbringt. Endlich erfahren wir aus den Versen 16-18, daß mehrere Stämme, die Jebusiter, die Amoriter, die Girgasiter und andere mehr von einem Menschen abstammen — nämlich Kanaan. Obwohl hier einige Individuen genannt werden und nicht alle Namen Stämme sind, so scheint mir doch, daß wir übers Ziel hinausschießen, wenn wir diese Genealogien als Chronologie auffassen wollten.

Das Geschlechtsregister der Söhne Noahs

In 1 Mo 10,1 finden wir wieder die literarische Form *dies ist die Geschichte von,* und zwar hier in bezug auf die Söhne Noahs: »Dies ist das Geschlechtsregister der Söhne Noahs, Sem, Ham und Japhet; und nach der Sintflut wurden ihnen Kinder geboren.« Von Vers 2 an werden wieder vorab und kurz gefaßt die weniger wichtigen Teile behandelt — mit genügend wahrer, logisch verständlicher Wahrheit, aber doch kurz. Dann wendet sich der Bericht der wichtigeren Linie, derjenigen von Sem zu, und hiervon handelt der Rest der Bibel.

Wir haben gesehen, daß die literarische Form *dieses ist die Geschichte von* im ganzen Genesisbuch vorkommt und dieses als Einheit kennzeichnet. Daher ist es absolut willkürlich, die Genesis als etwas anderes als ein literarisches Ganzes zu behandeln, sie etwa in zwei Teile zu zerlegen und diese Teile unter verschiedenen Blickwinkeln zu lesen. Man kann das nur, wenn man behauptet, die Formeln *dies ist die Geschichte von* seien nachträglich bei einer redaktionellen Bearbeitung eingefügt worden, wie es von einigen Kritikern unter den Anhängern der Quellenscheidung gemacht wird. Dieses Argument beruht aber auf subjektiven, durch naturalistische Voraussetzungen bedingte Entscheidungen; hier wird ein letzter Redaktor postuliert, der die Dinge so eingefügt habe, weil nur so die naturalistisch geprägten Theorien aufrechterhalten werden können. Hier erzeugt die Theorie ihre Daten. Der Redaktor wäre nicht nötig, wenn die Schwäche der Theorie ihn nicht erfordern würde.

Wir haben eben die zweite literarische Form erwähnt, welche dasselbe unterstreicht; daß nämlich durchwegs im Genesisbuch die abseitigen, nicht zum zentralen Thema gehörigen Faktoren zuerst und kurz behandelt werden, wonach der Bericht wieder das Hauptthema aufgreift und es ausführlich behandelt. Diese beiden literarischen Formen zusammen bedeuten ohne Zweifel, daß wir das ganze Buch übernehmen sollen mit der Überzeugung, daß es vom ersten bis zum letzten Kapitel, vor und nach Abraham als Ganzes zu lesen ist. Ja, es kann sogar zu Recht abgeleitet werden, daß diese beiden Faktoren die Genesis zu einem der einheitlichsten Bücher der Bibel machen. Angesichts dieser Tatsachen muß jeder, der einzelne Teile der Genesis als andere Literaturgattung verstehen will, klar begründen, weshalb er das tut. Das Zeugnis des Neuen Testamentes macht dies doppelt gewiß: In jedem Bezug auf irgend einen Teil der Genesis, auch in kleinste Einzelheiten, behandelt es dieses Material als normale Raum-Zeit-Geschichte. Immer wird das Geschehen in normaler, schlichter literarischer Form übernommen.

In 1 Mo 10,21 und 11,10 kommen wir zu Seths Linie, denn diese ist die wichtige Linie. In 10,25 ist zu lesen: »Und dem Eber wurden zwei Söhne geboren; der eine hieß Peleg, weil in seinen Tagen das Land verteilt ward.« Dieser Hinweis mag uns in der Linie Sems den Zeitpunkt andeuten, an welchem die Aufteilung der Erde beim Turmbau zu Babel erfolgte. Der Vers 32 faßt noch einmal die von Noahs Söhnen ausgehenden Linien zusammen: »Dies sind die Geschlechter der Söhne Noahs nach ihrer Abstammung; und von ihnen haben sich nach der Sintflut die Völker auf der Erde verteilt.« Dieser Vers und 1 Mo 9,19 weisen darauf hin, daß die gesamte Menschheit, wie sie heute besteht, ursprünglich von den drei Söhnen Noahs abstammt.

Babel

Die nächste Phase im Geschichtsablauf ist ein interessantes und wichtiges Ereignis. Es spielt sich an einem eindeutig festgelegten Ort ab — im Lande Sinear, was im weitesten Sinne Babylonien entspricht. 1 Mo 11,1 sagt: »Es hatte aber die ganze Welt einerlei Sprache und einerlei Rede.« Im Verlauf der Geschichte war die Sprache einheitlich geblieben. Die Nachkommen Noahs sprachen eine gemeinsame Sprache.

Das ist nicht überraschend, wenn man sich vergegenwärtigt, wie fest die Menschen an ihrer Sprache festhalten. So gibt es zum Beispiel in der Schweiz vier Sprachen, und zu jeder Sprache gehört eine Volksgruppe, die daran festhält. In einem Fall, der romanischen Sprache, sind es etwa 60 000 Menschen, die zwei Dialekte sprechen, und diese Situation kann unbegrenzt fortbestehen. So ist es durchaus zu erwarten, daß Menschen gleicher Herkunft auch die gleiche Sprache sprechen.

Im Vers 4 finden wir so etwas wie das erste öffentliche humanistische Manifest: »Und sie sprachen: Wohlan, laßt uns eine Stadt und einen Turm bauen, dessen Spitze bis an den Himmel reicht, daß wir uns einen Namen machen, damit wir ja nicht über die ganze Erde zerstreut werden!« Wir haben diese Art Humanismus schon in Kains Familie gefunden, aber die Proklamation ist nun um vieles stärker! *Daß wir uns einen Namen machen,* so daß *wir* eine menschliche Gemeinschaft erhalten und damit *wir* die soziale Stabilität schaffen können.

In Vers 7 schreitet Gott ein: »Wohlan, laßt uns hinabfahren (hier ist die Kommunikation innerhalb der Dreieinigkeit zu bemerken), und daselbst ihre Sprache verwirren, daß keiner des andern Sprache verstehe!« Die grundlegende Verwirrung unter den Völkern ist somit die Sprache — nicht die Hautfarbe, noch die Rasse oder die Nation. Die Sprache ist der Schlüssel zu den Spaltungen unter den Völkern der Welt.

Wie durchwegs in den ersten Kapiteln der Genesis, weist die Bibel auch hier darauf hin, daß alle Spaltungen in der ganzen Welt eine Folge der Sünde und des gerechten Gerichtes Gottes sind. Die Menschen sagten, wir wollen uns einen Namen machen, damit wir nicht zerstreut werden, und so folgt auf diesen Ansatz, sich eine Einheit auf ihrer eigenen Basis zu errichten, das Gericht: »Also zerstreute sie der HERR von dannen über die ganze Erde« (V. 8). Und dies tat er aufgrund ihrer eigenen Reden.

Somit ist eine neue Spaltung eingetreten — nicht einfach zwischen Mensch und Gott, den Menschen und sich selbst, zwischen Mensch und Mensch, Mensch und Natur, Natur und Natur, sondern nun auch zwischen den Menschen der Erde in ihren Nationen, mit Auswirkungen bis in die rassischen und kulturellen Spaltungen, verbunden mit den sprachlichen Unterscheidungen. Und all diese Spaltungen wurzeln in einem Boden — der Sünde des Menschen. Hier, beim Turmbau, versucht der Mensch, wie immer, sich autonom zu machen.

Das Wort Babel ist interessant, weil es einen zweifachen Sinn hat. 1 Mo 11,8 sagt dazu: »Daher gab man ihr den Namen Babel, weil der

HERR daselbst die Sprache der ganzen Welt verwirrte.« Im Hebräischen bedeutet *Babel* Verwirrung. Die Babylonier selbst gaben dem
Wort den Sinn »die Pforte Gottes«. So sagten die Babylonier »wir
sind die Pforte Gottes«, und die Juden entgegneten, »Nein, ihr seid
Verwirrung.« Durch die ganze Schrift, bis zum Buch der Offenbarung,
scheiden sich am Konzept von Babylon die Geister. Babylon sagt:
»Wir sind die Pforte Gottes«, und die Bibel antwortet: »Nein, dies ist
der Ort, wo die ursprüngliche Verwirrung der Sprache geschah. Ihr
seid Verwirrung.« Unser eigenes Wort Babylon ist lediglich das Wort
Babel mit einer griechischen Endung.

Die Generationen Sems

1 Mo 10,11 führt das Geschlechtsregister Sems an, und die Bibel führt
uns weiter dem Strom der Geschichte entlang. Auch hier müssen wir
uns mit dem Problem von Genealogie und Chronologie auseinandersetzen. Dabei sind einige Dinge festzuhalten.

In der Septuaginta (der griechischen Übersetzung des Alten Testamentes aus vorchristlicher Zeit) ist in Vers 12 ein besonderer Name
(Kainan) vermerkt. Von Kainan wird gesagt, er hätte 130 Jahre gelebt,
wobei die Satzform genau zum restlichen Text paßt. Das beachtens-
werte an der Sache (obwohl reine Spekulation) liegt darin, daß diese
Genealogie, wenn dieser Name dazu gehört, zehn Stufen enthält, ebenso wie die vorsintflutliche Genealogie von 1 Mose 5. Man kann sich
daher fragen, ob dies nicht eine Parallele ist zu der Genealogie von
Christus in Matthäus 1, wo Namen ausgelassen sind und dann der
Hinweis erfolgt, es seien vierzehn Generationen von Abraham bis
David, vierzehn Generationen von David bis zur babylonischen Gefangenschaft und vierzehn Generationen von der babylonischen Gefangenschaft bis zu Christus (Matth 1,17).

Die Leute fragen oft, ob 1 Mo 11,10 ff. nicht doch eine Chronologie
sei angesichts der vielen angeführten Einzelheiten, wie zum Beispiel in
den Versen 12-13: »Arpakschad war fünfunddreißig Jahre alt, als er
den Schelach zeugte; und nachdem Arpakschad den Schelach gezeugt
hatte, lebte er noch 403 Jahre und zeugte Söhne und Töchter.«

In Matthäus 1,8 ist, wie ich schon gezeigt habe, ein enormer Sprung
in der Genealogie. Dabei kann es sich nicht um einen Fehler gehandelt
haben, denn die Leute, die diese Aufzeichnungen machten, kannten
die Stammbäume sehr gut. In Matthäus 1,8 heißt es: »Asa zeugte

Josaphat, Josaphat zeugte den Joram, Joram zeugte den Usia.« Wir sahen aber, im Vergleich mit 1 Chronika 3,11-12, daß in der Genealogie von Matthäus der Vater, der Großvater und der Urgroßvater von Usia übersprungen werden. Somit ist hier eine längere Lücke. Die eigentliche Bedeutung dieser Stelle in Matthäus ist diese: Als Joram ein gewisses Alter hatte, zeugte er *jemand, der zu Usia führte*. Und nachdem Joram diesen unbenannten Nachkommen gezeugt hatte, lebte er noch eine gewisse Zahl von Jahren und starb.

Wir wollen, um die Illustration zu verdeutlichen, etwas mehr Phantasie aufwenden und es so lesen: »Als Joram 30 Jahre alt war, zeugte er *jemand der zu Usia führte,* danach lebte Joram eine gewisse Anzahl von Jahren, hatte andere Kinder und starb.« Das ist der eigentliche Sinn des Abschnittes von Matthäus 1,8. Die Anzahl der Jahre ist nicht erwähnt, aber er gibt uns die Form, und diese Form entspricht genau derjenigen von 1 Mose 11. Anders gesagt bedeutet das Wort *zeugte* in 1 Mose 11 nicht unbedingt eine direkte Vater-Sohn-Beziehung. Es kann auch bedeuten *zeugte jemand, der zu X führte.* Die Einfügung dieses Satzes in 1 Mose 11 würde die Situation nicht verändern. Würde dieser Satz zum Beispiel in 1 Mose 11,14-15 eingefügt, ergäbe sich genau dieselbe Situation wie in Matthäus 1,8, denn es würde einfach heißen, daß Schelach *jemand zeugte, der zu Eber* führte. Genau das sagt Matthäus 1,8 über Joram und Usia. Folglich gibt es keinen Grund, wegen 1 Mose 11 unsere Überzeugung zu ändern, wonach die Genealogie keine Chronologie darstellt.

Manche fragen, weshalb diese Einzelheiten beigefügt sind. Die beste Antwort auf diese Frage ist, wie ich meine, ganz einfach, daß dies eine Parallele zu den vorsintflutlichen Menschen darstellt, wo die Form mit den Worten *und er starb* endete. Der neuere Abschnitt verwendet andere Worte als *und er starb,* aber er scheint von derselben Mentalität geprägt zu sein. Die Einzelheiten sind erwähnt, *und er lebte so viele Jahre,* wonach er natürlich starb. Die wichtigen Namen sind ausdrücklich erwähnt, denn sie zeigen die Linienführung.

Wenn wir uns klar sind, daß die Genealogien keine Anhaltspunkte für die Datierung liefern, können wir verstehen, warum B. B. Warfield sagte: »Es ist für die Theologie an sich völlig gleichgültig, wie lange der Mensch schon auf der Erde existiert.«

Beim Betrachten des Geschichtsablaufs von 1 Mose 1-11 ist es meiner Überzeugung nach einfach nicht möglich, eine endgültige Diskussion über die Datierungsfrage zu führen. Auf Seiten der Bibel sind da all die Fragen, die wir eben aufgegriffen haben, und auf Seiten der modernen Naturwissenschaft gibt es gewiß auch viele Fragen darüber, ob und in wie weit die wissenschaftlichen Datierungssysteme genau sind. Wie ich im Blick auf die Verwendung des hebräischen Wortes *Tag* in Mose ausführte, geht es nicht darum, daß wir das Konzept der langen Zeiträume, wie es die moderne Wissenschaft vertritt, einfach übernehmen müssen, sondern eher, daß es wirklich keine klar definierte Grundlage gibt, auf der heute eine abschließende Debatte geführt werden könnte.

Der erste Anknüpfungspunkt zur Weltgeschichte

In 1 Mo 11,26 kommen wir zu einer völlig neuen Situation, weil hier der Mann Abraham erwähnt wird, dem wir ein spezifisches Datum zuschreiben können. Wir steigen von der biblischen Geschichte, die keine Verbindung zur Weltgeschichte aufweist, nun zu der biblischen Geschichte mit solchen Anknüpfungspunkten. Damit ist nicht gesagt, daß die vorherigen Berichte historisch weniger verläßlich seien als die nachfolgenden. Aber bei Abraham können wir ein ungefähres Datum — 2000 vor Christus — ansetzen.

In 1 Mo 11,28 wird uns gesagt, daß Abraham aus Ur in Chaldäa stammte. Wir wissen eine ganze Menge über Ur in Chaldäa aus und vor der Zeit, als Abraham dort lebte, dank der Ausgrabungen von Sir Charles Leonhard Woolley (1922 und 1934). Wir wissen zum Beispiel, daß die Einwohner eine Mondgöttin verehrten und eine sehr hohe Zivilisations- und Kulturstufe besaßen. Abraham war nicht ein einsamer Wanderer, ein Beduine aus der tiefen Wüste und ohne irgendwelche Kenntnisse. Die Ausgrabungen zeigen uns, daß die Häuser aus Ziegelsteinen gebaut und der Schönheit halber weiß getüncht waren. Sie umfaßten zwei Stockwerke. In den größeren Gebäuden befanden sich zehn bis zwanzig Räume. Sie verfügten über prächtig eingerichtete Küchen, hatten eine Wasserversorgung und Sanitäranlagen. Aufgrund gewisser Funde vermuten einige Forscher, daß damals schon in den Schulen das Ziehen von Kubikwurzeln gelehrt wurde. Die Universität von Pennsylvania besitzt einen Becher, der auf zweihundert Jahre vor Abraham datiert wird, und der die wunderbare Kunstfertigkeit jener Menschen aufzeigt. Dieser Becher ist so außerordentlich gestaltet, daß auch heute niemand diese Arbeit übertreffen könnte, und läßt etwas von dem Glanz jener Epoche ahnen. Woolleys

Bücher von den Ausgrabungen der Königsgräber enthalten Bilder von ebenso kunstvollen Arbeiten in Gold und Alabaster.

In 1 Mo 12,1-3 lesen wir: »Und der HERR sprach zu Abraham: Geh aus von deinem Land (das heißt von diesem hochkultivierten Ort) und von deiner Verwandtschaft und von deines Vaters Hause in das Land, das ich dir zeigen will! So will ich dich zu einem großen Volke machen und dich segnen und dir einen großen Namen machen, und du sollst ein Segen sein ... und durch dich sollen alle Geschlechter der Erde gesegnet werden!« In seinem Brief an die Galater zitiert der Apostel Paulus aus diesem Abschnitt von 1 Mose und verbindet seine Worte mit der Verheißung, die hier gegeben ist: »Gleichwie Abraham Gott geglaubt hat und es ihm zur Gerechtigkeit gerechnet wurde, so erkennet auch, daß die aus dem Glauben (Gerechten) Abrahams Kinder sind. Da es nun die Schrift voraussah, daß Gott die Heiden aus Glauben rechtfertigen würde, hat sie dem Abraham zum voraus das Evangelium verkündigt: ›In dir sollen alle Völker gesegnet werden.‹ — So werden nun die, welche aus dem Glauben sind, gesegnet mit dem gläubigen Abraham« (Gal 3,6-9).

Die Verheißungen Gottes, die bis zu 1 Mo 3,15 zurückreichen, werden zu Abrahams Zeiten noch deutlicher eingegrenzt. Die Lösung, welche dem wirklichen Dilemma des Menschen angemessen sein wird und alle Konsequenzen der Schuld vor dem Gott, der existiert, löschen wird, diese Lösung wird durch Abraham kommen. Nach Abraham läuft die Geschichte weiter, und die Verheißung wird durch das Alte Testament hindurch immer deutlicher. So kommen wir am Ende zum letzten Propheten der Alttestamentlichen Linie, Johannes dem Täufer, der, als Jesus kam und die Erfüllung nahe war, ausrief: »Siehe, das Lamm Gottes, welches die Sünde der Welt hinwegnimmt« (Joh 1,29).

Der Ablauf der Geschichte: Die Wichtigkeit des Menschen

So läuft der Strom der Geschichte dahin. Die Geschichte kommt von irgendwo her. Die Geschichte strebt irgendwo hin. Wir werden nicht ohne Hintergrund geboren. Und es gibt eine Lösung für das Dilemma des Menschen mitten in der Geschichte. Welch ein Gegensatz zum modernen Menschen, der den schrecklichen Schluß zieht, daß die Geschichte nirgendwo hinführt, nur weil er nicht weiß, daß die Geschichte in Genesis 1-11 wahr ist! Das betrifft aber uns alle. Auch wir müssen hinhören, wenn wir verstehen wollen.

Manche Ereignisse haben sich vor unserer Geburt zugetragen, und viele andere, an die wir uns nicht erinnern können, ereigneten sich in unseren frühen Lebensjahren. Wenn wir uns daran erinnern sollen, müssen unsere Eltern oder jemand anderes uns darüber berichten. Es gibt eine Menge Dinge, die vor meiner Zeit geschahen und für mich wichtig sind, von denen ich aber nur durch andere Menschen hören kann. Da geht es um Geschichte — Dinge, die sich wirklich zugetragen haben, die ich aber nur durch andere erfahren kann. Genau so ist es mit der ganzen Menschheit.

Unser Wissen um die Geschichte dehnt sich immer mehr in die Vergangenheit aus, denn wir finden immer ältere Dokumente, und Ausgrabungen mehren unsere Kenntnis von alten Kunstwerken. Die Weltgeschichte lehrt uns manches über die Vergangenheit der Menschheit und daher auch über unseren eigenen Platz in ihr. Und doch, wieviele Schriften auch entdeckt und übersetzt worden sind, wieviele Ausgrabungen gemacht und wieviele Kunstwerke auch studiert worden sind, die säkulare Geschichtsforschung hat noch keinen Schlüssel ausgegraben, der helfen könnte, das letztliche »Warum« all dieser Funde zu erklären.

Wie weit wir auch immer in unseren Studien bis in die Morgendämmerung der Geschichte vordringen, immer finden wir den Menschen als Menschen. Wohin wir uns auch wenden — zu den Höhlen in den Pyrenäen, zu den Sumerern und weiter zurück zu den Neanderthalern, die ihren Toten Blumen ins Grab legten — da ist kein Unterschied: Überall zeigen die Menschen durch ihre Kunstfertigkeit und ihr Handeln, daß sie sich selbst als etwas Einzigartiges verstanden. Und sie waren einzigartig, einzigartig als Menschen inmitten vom Nicht-menschlichen. Und doch waren sie ebenso mit dem Dilemma des Menschen behaftet, mit Spaltungen aller Art, wie wir es heute sind.

Ebenso wie einem Kind manches aus seiner persönlichen Geschichte erzählt werden muß, so muß auch die Menschheit über ihre Geschichte informiert werden. Ohne Information über unsere Anfänge, welche die Säkulargeschichte nicht erforschen kann, hängt unsere jetzige Geschichte in der Luft. Der Mensch des zwanzigsten Jahrhunderts blickt auf etwas — sich selbst und die Tatsachen der Geschichte. Er weiß, daß etwas wirklich da ist, aber er weiß nicht, was. Das ist genau das, was ihm 1 Mose 1-11 berichtet. Diese Kapitel vermitteln die Geschichte, welche allem vorausgeht, was die säkularen Historiker bestimmen konnten, und es ist diese prä-säkulare Geschichte, die der gegenwärtigen Menschheitsgeschichte einen Sinn gibt. Man stelle sich ein Kind vor, das noch nicht weiß, daß es in der Tat legitimer Erbe eines Thrones ist. Das Kind ist in armselige Fetzen gekleidet. Nun kommt jemand und erzählt ihm seine frühere Geschichte, so daß es seinen rechtmäßigen Platz einnehmen kann. Genau das brauchen wir. Und genau das gibt uns der Bericht von 1 Mo 1-11. Er setzt die ganze uns jetzt bekannte säkulare Geschichte in die richtige Perspektive.

Gewisse Leute nehmen an, man könne die Geschichte der ersten elf Genesiskapitel spiritualisieren, ohne daß ein Unterschied entstünde. Sie nehmen an, daß sie die Verläßlichkeit dieser Kapitel in bezug auf Geschichte und Kosmos unbeschadet in Frage stellen können, daß sich damit nichts verändern würde. Es würde aber eben alles ändern. Diese Kapitel enthüllen uns das »Warum« all der Geschichte, die der Mensch erforscht hat, einschließlich des »Warum« für die persönliche Geschichte jedes Menschen. Aus diesem Grunde ist 1 Mo 1-11 wichtiger als alles andere, das wir haben könnten.

Diese Kapitel berichten von der historischen Raum-Zeit-Schöpfung aus dem Nichts; von der Erschaffung des Menschen im Bilde Gottes; von einem wirklichen, geschichtlichen, raum-zeitlichen moralischen Sündenfall; sie geben uns das Verständnis für die gegenwärtige Abnormität der Spaltungen, die zwischen Gott und Mensch, zwischen dem Menschen und sich selbst, zwischen Mensch und Mensch, Mensch und Natur und zwischen Natur und Natur bestehen.

Diese Kapitel berichten uns auch von dem Lauf der Verheißung, die Gott zu Beginn gegeben hat in bezug auf die Lösung dieser Spaltungen. All dies gibt uns 1 Mo 1-11, und das ist überwältigend. Die naturalistische, rationalistische Geschichte sieht nur die Resultate. Wenn ich die Welt, wie sie ist, und mich selbst, so wie ich bin, verstehen soll, so muß ich den Lauf der Geschichte kennen, so wie er in diesen Kapiteln dargestellt ist. Wird dies beiseitegeschoben, so fällt der ganze Rest der Geschichte zusammen.

Wenn ein Mensch dem Dilemma und den Spaltungen der Menschen eine falsche Ursache zuschreibt, wird er ungeachtet all seines guten Willens nie die richtige Lösung hervorbringen. So wie er seit dem Sündenfall ist, ist der Mensch nicht normal, folglich muß die Lösung dem entsprechen, was uns als Ursache seiner Probleme und seines Dilemmas bekannt ist. Eine nur physische Lösung genügt nicht, denn das Dilemma des Menschen ist nicht physisch. Sie kann auch nicht metaphysisch sein, weil das Problem des Menschen, wie wir aus 1 Mo 1-11 wissen, nicht in erster Linie metaphysisch ist. Das Problem des Menschen ist moralisch, weil er aus eigener Wahl sich gegen Gott auflehnt. Somit muß jede angemessene Lösung dieser moralischen Notlage genügen.

Er, der der Same des Weibes ist, hat den Kopf der Schlange zertreten. Was aber nützt uns das, wenn wir nicht hören wollen? Wenn wir nicht hören wollen, können wir auch nicht verstehen.

ANMERKUNGEN

Zu Kapitel 1:

[1] Eine wesentlich eingehendere Behandlung der hier unmittelbar folgenden Materie findet sich in meinem Buch ». . . und er schweigt nicht« (Wuppertal/Genf 1975).

[2] Siehe »Back to Freedom and Dignity« (Hodder & Stoughton 1972) in welchem ich mich mit B. F. Skinner's Buch »Jenseits von Freiheit und Würde« (Rowohlt, Hamburg 1973) auseinandersetze.

[3] Die biblische Lehre über die Dreieinigkeit ist natürlich im Neuen Testament vollständiger dargestellt, doch finden wir weitere Anhaltspunkte im Alten Testament in 1 Mo 11, 7; Jes 6,8; 44, 6 und 48, 16.

[4] Die griechische Zeitform des Aorist bezeichnet eine in der Vergangenheit abgeschlossene Handlung.

[5] Dieser Vers wird manchmal von Leuten angeführt die behaupten, daß der Glaube als solcher Wissen vermittelt und der Inhalt der Schrift daher belanglos sei. Offensichtlich ist aber die Erkenntnis, auf welche hier hingewiesen wird, durch die Schrift gegeben, worauf wir dann, aufgrund der zureichenden biblischen Belege, das glauben, was Gott uns in der Bibel sagt.

Zu Kapitel 2:

[1] Es gibt Unterschiede zwischen der Methode, mit deren Hilfe wir aus Gottes Aussagen in der Bibel Erkenntnis erlangen, und der Methode, durch die wir aus naturwissenschaftlicher Forschung Erkenntnis gewinnen; das aber führt nicht zu zwei voneinander getrennten Erkenntnissen, insofern es um Tatsachen geht. In der Praxis mag es aufgrund der jeweiligen Umstände nicht immer möglich sein, die beiden Forschungsbereiche zur Deckung zu bringen, aber wenn man beide bis zum Ende verfolgt, gibt es keinen unauflöslichen Widerspruch.

Nehmen wir z. B. den Turm von Babel. Ob wir von dem von Gott gegebenen Wissen her an ihn herangehen oder auf dem Wege der naturwissenschaftlichen Forschung — am Ende jeder der beiden Fragestellungen werden wir zu dem Ergebnis kommen: Entweder es hat ihn gegeben, oder es hat ihn nicht gegeben. Dasselbe gilt für Adam. Ob wir uns der Methoden und Werkzeuge der Archäologie und Anthropologie bedienen, oder ob wir von der Erkenntnis ausgehen, die uns die Bibel vermittelt — in beiden Fällen erlangen wir schließlich Erkenntnisse über Adams Knochen (wenn hier die Naturwissenschaften überhaupt zu einem

Ergebnis kommen können). Die Naturwissenschaft kann aufgrund ihrer natürlichen Begrenzungen nicht alles wissen, was wir von Gott in der Bibel erfahren, aber da, wo die Naturwissenschaft zu gesicherten Erkenntnissen gelangt ist, da müssen beide Quellen der Erkenntnis am selben Punkt anlangen, selbst wenn die Erkenntnis in unterschiedlichen Begriffen ausgedrückt wird. Und es ist wichtig, daß wir folgendes stets bedenken: Es ist ein enormer Unterschied, ob wir ein und dasselbe in zwei verschiedenen sprachlichen Symbolsystemen ausdrücken, oder ob wir wirklich zwei unterschiedliche, einander ausschließende und nicht miteinander zu vereinbarende Aussagen machen, den Unterschied jedoch durch zwei verschiedene Symbolsysteme kaschieren. Die Aussagen der Bibel über die Geschichte und den Kosmos und die Aussagen der Wissenschaft über dieselben Bereiche stehen doch nicht völlig unverbunden nebeneinander. Die Erforschung der allgemeinen Offenbarung (also des Universums und seiner Form sowie des Menschen und seines Menschseins) hat wirklich ihre Berechtigung, d. h. echte Naturwissenschaft darf und soll betrieben werden. Andererseits müssen wir uns jedoch klarmachen, daß es nicht automatisch notwendig ist, die Bibel den Aussagen der Naturwissenschaften anzupassen. Manche christlichen Naturwissenschaftler neigen dazu, stets die besondere Offenbarung (die Aussagen der Bibel) der allgemeinen Offenbarung und der Naturwissenschaft unterzuordnen und nie oder selten die allgemeine Offenbarung und naturwissenschaftliche Aussagen der biblischen Lehre unterzuordnen. D. h. sie halten zwar die biblische Lehre für wahr und die naturwissenschaftliche Lehre für wahr, aber in Wirklichkeit tendieren sie am Ende doch dahin, die naturwissenschaftliche Wahrheit für wahrer zu halten als die biblische Wahrheit.

[2] An den früheren Stellen — bis Kapitel 5 — wird das Wort »Adam« mit dem bestimmten Artikel verwendet, bezieht sich also auf einen bestimmten Mann. In 1 Mo 5, 1—2 wird es jedoch ohne Artikel verwendet und sollte daher vielleicht besser mit »Menschheit« übersetzt werden.

Zu Kapitel 5:

[1] Manche Wörter haben heute eine solche Bedeutungsabwertung erfahren, daß man oft auf schwerfällige Begriffe ausweichen muß, um eindeutig verständlich zu machen, was man meint. So kann das Wort »Tatsache« heute alles oder nichts bedeuten. Wer von »Tatsachen« spricht, kann damit nicht weiter als nicht verifizierbare »religiöse Wahrheit« meinen, und deshalb müssen wir um der Klarheit willen einen unschönen Begriff wie »bruta facta« benutzen (nur ungenau zu übersetzen mit »nackte Tatsachen«). Mit »bruta facta« meinen wir nicht irgendein kartesiani-

sches Konzept von »ewigen Tatsachen«. Es gibt keine Tatsachen über oder hinter Gott, ebensowenig wie es eine Ethik oder Werte über oder hinter Gott gibt. Es gibt keine autonomen Tatsachen, die unabhängig von Gott existieren. Aber nachdem Gott etwas geschaffen hat, besitzt dieses Geschaffene objektive Wirklichkeit. Und weil Gott die Geschichte mit ihrer Bedeutung in Raum und Zeit geschaffen hat, besitzt auch das, was sich in der Geschichte vollzieht, objektive Wirklichkeit.

Die Geschichtlichkeit des Sündenfalls ist hier ein treffendes Beispiel. Der geschichtliche Sündenfall ist keine Interpretation, er ist ein »brutum factum«. Hier bleibt kein Raum für Hermeneutik, wenn Hermeneutik in diesem Fall bedeutet, daß der Sündenfall als tatsächliches Geschehen (im Sinne eines »brutum factum«) wegerklärt wird. Daß es einen Sündenfall gegeben hat, das ist keine Aussage, die in den »oberen«, nicht rationalen Bereich gehört — d. h. es ist *in dieser Hinsicht* keine »theologische« oder »religiöse« Aussage. Es ist eine logisch begründete Aussage über ein geschichtliches, in Raum und Zeit geschehenes »brutum factum«. Vor dem Fall gab es die Zeit, und es gab eine Geschichte in Raum und Zeit; und dann wandte sich der Mensch aufgrund einer freiwilligen Entscheidung von seinem angemessenen Bezugspunkt ab, und damit verursachte er einen ethischen Bruch — der Mensch wurde abnorm.

Wenn wir von Tatsachen und »bruta facta« reden, sprechen wir von Tatsachen in räumlich-zeitlichem Sinne, also Dingen, die sich als wahr oder falsch beweisen lassen. Das bedeutet nicht, daß man sie als sterile Fakten abtun darf. Diese biblischen Tatsachen sind Tatsachen vergangener Geschichte, aber sie haben eine Bedeutung für unser gegenwärtiges existentielles, Augenblick für Augenblick gelebtes Leben.

Noch eines muß ganz klar sein: Wenn wir die Aussagen der Bibel als logisch einsichtige Wahrheit bezeichnen, behaupten wir damit nicht, daß jede biblische Mitteilung im Sinne einer mathematischen Formel verstanden werden will. Es kann daneben andere sprachliche Ebenen geben (z. B. rhetorische Figuren oder die besonderen Ausdrucksmittel der Poesie); aber es herrscht Kontinuität — und keine Diskrepanz — zwischen diesen »anderen Ebenen« und den logischen Aussagen in normaler Syntax und in ihrer definierten Bedeutung gebrauchten Wörtern; und diese Kontinuität kann mit Hilfe der Vernunft untersucht werden.

Machen wir uns das an einem außerbiblischen Beispiel klar: Shakespeares Kommunikation ist aufgrund seiner rhetorischen Figuren (Bilder, Vergleiche, Wortspiele, Metaphern usw.) eine weitaus reichere menschliche Kommunikation, als es mathematische Formeln je sein können. Die »anderen Ebenen« (z. B. seine Wortspiele) bereichern seine Sprache. Wenn jedoch, wie es in supermoderner Prosa und Lyrik manchmal der Fall ist, ein Text nur — oder fast nur — aus rhetorischen Figuren besteht, ohne einen inneren Zusammenhang, der sich in logischer Form, in normalem Satzbau und normal definierten Wörtern ausdrücken läßt, dann weiß niemand, was hier eigentlich gesagt werden soll. Tatsächlich arbeiten einige moderne Schriftsteller und Künstler in dieser Weise, weil sie diesen Effekt erzielen wollen. Ihre Werke sollen lediglich individuelle Gefühle und Assoziationen im Leser oder Betrachter wecken.

Genau dieselbe Funktion bekommen aber allzu leicht die ersten Kapitel der Genesis, wenn sie nicht mehr in ihrer normalen, den Gesetzen der Logik entsprechenden Form gelesen werden und wenn man nicht mehr den normalen Satzbau und die normale Bedeutung der Wörter beachtet. Ein gutes Beispiel dafür bietet Paramhansa Yogananda, der in seinem Buch *Autobiography of a Yogi* so verfuhr und diese Kapitel der Bibel ohne weiteres in ein überzeugendes Hindu-Traktat verwandeln konnte.